설렘이 부른 도전,
행복이 응답했다

설렘이 부른 도전, 행복이 응답했다

초판 1쇄 발행 2024년 9월 12일

지은이 최준배
펴낸이 장길수
펴낸곳 지식과감성#
출판등록 제2012-000081호

교정 김나현
디자인 강샛별
편집 강샛별
검수 김지원, 이현
마케팅 김윤길, 정은혜

주소 서울시 금천구 벚꽃로298 대륭포스트타워6차 1212호
전화 070-4651-3730~4
팩스 070-4325-7006
이메일 ksbookup@naver.com
홈페이지 www.knsbookup.com

ISBN 979-11-392-2113-8(03810)
값 16,700원

지식과감성#
홈페이지 바로가기

설렘이 부른 도전,
행복이 응답했다

최준배 지음

설렘으로 자연과 책 속 인물을 만나고

배움의 도전으로 행복을 맛보다

지식과감성#

설렘이 오는 창가에서

손녀딸과 교감하기 전에는 거리를 지나가다가 유모차를 볼 때면 실려 있는 아기 얼굴만 보게 되고 예쁘다는 생각만 했습니다. 그런데 지금은 아기 얼굴보다는 유모차를 끌고 가는 아기 엄마의 얼굴을 더 유심히 보게 됩니다. 또 근처 초등학교 하굣길을 지나칠 때면 젊은 엄마들의 대화나 그들이 아이와 걸어가며 다정하게 나누는 말에 귀를 쫑긋하게 됩니다. 알고 있고 관심 있는 것만 제대로 보게 된다고 하더니 저도 그렇게 변하는 모양입니다.

살다 보면 일상에서 사소한 관점의 변화나 한 가닥 깨달음을 경험하거나 책을 읽다가 머리를 때리는 한두 마디 글귀를 접할 때가 있습니다. 그럴 때면 가슴은 뛰기 시작하고 의식은 예리한 촉을 세우게 되고, 이어 내면의 소리가 들리고 감성의 울림이 느껴지면 글을 쓰지 않을 수 없게 되죠.

저는 주로 아침에 글신과 만납니다. 도서관으로 출근해 아침 8시부터 오전 시간에 오롯이 이 친구와 함께합니다. 따듯한 햇살이 쏟아지는 창가, 나만의 글 쓰는 공간에서.

드라마틱한 변화도, 엄청난 서사도 없는, 그저 평범한 듯 보이는, 반복되는 소소한 일상에서도 친구는 반짝이는 영감을 줍니다. 가슴이 열려 있기만 하면 평범한 일상의 순간에서도 감동과 깨달음을 선물합니다. 그래서 아리스토텔레스는 우리의 본질은 우리가 반복적으로 행하는 일에 있고, 탁월성이라는 덕은 한 번의 행동이 아니라 하나의 습관이라고 하지 않았을까요.

예컨대 산책하는 행위를 생각해 봅니다.

우리는 으레 산책하면서 핸드폰 앱을 들여다보며 오늘 몇 보를 걷고 몇 칼로리를 소모했는지 쉴 새 없이 확인합니다. 산책한 행위의 투자 대비 효과를 따져 보죠. 눈앞의 이익과 연계되지 않는, 목적 없는 행위란 무의미하고 쓸데없는 행동이라고 생각하여 자신도 모르게 어느새 효율성 강박의 노예가 되기도 합니다. 마냥 걷고 싶어서, 단지 신록의 자연을 음미하고 싶어서 걷는 것은 이 바쁜 경쟁사회에서 삶에 도움이 안 되는 듯 말이죠.

하지만 책 속 멘토들은 이렇게 말합니다.

> 우리가 삶의 의미를 되찾기 위해서는 쓸모만 따져서는 안 된다. 예술과 놀이, 사랑, 윤리 같은 가치는 쓸모없을 때, 어떤 목적을 위해 쓰이지 않고 그 자체로 목적일 때 가장 쓸모가 있다.
>
> (출처: 스벤 브링크만, 《철학이 필요한 순간》, 강경이 역, 다산초당, 2019)

또 천변을 한가롭게 거니는 한 시간의 행복한 산책 외 내가 달리 해야 할 것이 무엇인가를 반문해 보라고 하며 지금, 이 순간을 살라고 합니다. 저는 이 물음에 '다른 어떤 것을 해야 했다.'라고 단호하게 말할 자신이 없습니다. 생각해 보면 나의 소중한 삶이 지향하는 그 무엇이 이것 말고 또 어떤 게 있단 말인가요. 지금, 이 순간 산책은 내가 마냥 하고 싶은 것이고 내 영혼이 이렇게 하는 것을 더 좋아하기 때문이죠.

이 책 속 이야기는 이렇게 하여 탄생한 아이들입니다.

글을 쓰는 이유는 나를 사랑하고 아이들을 창조하는 기쁨 때문입니다. 무명(無明)의 막을 한 꺼풀 한 꺼풀 벗기는 작업이요, 오랜 기간 다져진 에고의 거친 근육의 힘을 조금씩 빼내는 시간이죠. 참나의 뽀얀 맨살이 드러날 때까지 언제가 될지는 모르지만 멈춤 없이 부단히 정진하여야 할 일이죠. 이 시끄럽고 소란스러운 세상에서 글 쓰는 나만의 시간을 가질 수 있다는 것은 엄청난 특권이자 축복입니다. 오직 감사할 뿐이죠.

완벽하려고 애쓰지 마세요,
모든 것엔 틈이 있답니다.
그 틈으로 빛이 들어오죠.

(레너드 코헨의 노랫말에서)

무심한 듯한 삶의 한 자락을 붙들고 버티면서도 때때로 미소를 지을 수만 있다면 좋습니다. 설사 삶이 나에게 미소 짓지 않더라도 삶을 향해 미소 지을 수 있는 여유만 있다면.

책 읽고 글 쓰고 산책하는 일상의 설렘뿐 아니라 이번 글에서는 배움이라는 새로운 도전 거리를 만나서 설렘을 맛볼 수 있었던 체험도 싣게 되었습니다. 어설프지만 풋풋한 열정이 담긴 이야기지요. 이 생생한 도전 이야기를 독자들과 나눌 수 있어서 기쁩니다. 공감하는 사람이 있다면 그 자체로 큰 기쁨이요, 영광입니다. 독자들이 '느지막이 이런 사람도 있구나!' 더 나아가 '평범하게 보이는 나의 삶도 이렇게 낯설게, 새롭게 바라볼 수도 있겠구나!'라고 생각한다면 더할 나위가 없겠습니다.

독자와 뭔가를 공유할 수 있다는 즐거움이 자못 큽니다.

이 즐거움을 독자와 함께 서두르지 않고, 지나친 욕심 부리지 않고 오랫동안 지속 가능한 나만의 다정한 일상으로 이어 가고 싶습니다.

따사로운 햇살이 있는 도서관 창가에서

최준배

목차

2장 ✦ 내면의 울림

3장 ✦ 도전의 설렘

1장 평범의 미학

식물이 내 마음을 읽다

"혹시 나무들이 내 마음을 알고 있는 것은 아닐까?"

이 생각은 아침 기상 후 거실의 나무들을 들여다보면서 불현듯 머릿속을 스쳤던 생각이다. 생각의 연유는 이러하다.

약 3개월 전의 일이었다.

어느 날 아내랑 거실의 꽃나무를 둘러보던 중 아내가 드라세나(마지나타 레인보우)를 보더니 툭 한마디 던진다.

"이 나무는 거실에 두기엔 너무 키가 큰 것 같아요. 거실에 사람의 키보다 큰 나무를 두면 좋지 않다고 하던데…."

"이제 더 이상 크지 않을 것 같으니 걱정하지 않아도 괜찮을 것 같아요."

나는 내 키를 곧 넘길 듯 왕성하게 자라는 이 나무를 보며 대수롭지 않게 받아넘겼다. 이 나무는 왕성한 생명력과 우아한 자태로 내가 좋아하는 나무다.

이런 일이 있고 달포나 지났을까? 한동안 무심코 지내 오다가 오늘 아침 이 친구를 다시 들여다보게 되었다. 아내가 했던 말이 문득 떠올라서 관심 있게 보게 되었는데, 이게 웬일인가?

그 왕성한 생장력은 어디 가고 내 키 정도에서 딱 멈춘 것이다.

손바닥으로 내 키와 견주어 봤다.

와우~ 친구는 내 키와 정확히 일치했다!(단 일 밀리도 어긋나지 않은 듯했다)

순간 소름이 돋았다.

이 친구는 나와 아내의 마음을 읽고, 살기 위해 이렇게 반응한 것일까?

비록 인간의 언어는 이해할 순 없지만 혹시 우리의 마음에서 나오는 에너지 파장을 감지한 것은 아닐까? 문득 어느 책에서 '식물은 고도의 감응력인 텔레파시 능력이 있다.'라는 내용의 글을 읽었던 게 떠올랐다.

이것이 사실이라면 식물은 삶의 방식이 인간과 다를 뿐 감응력은 인간보다 한 차원 높은 생명체인 줄도 모른다. 이런 능력은 식물뿐 아니라 동물에게서도 어렵지 않게 볼 수 있는 능력 아닌가. 나는 이 일을 경험하고 난 후부터 아침 깨어나 거실에 나가면 먼저 식물들과 눈 마주치며 인사하게 되었다.

얼마 전에 인터넷에서 본 기사가 생각난다.

어느 학원에서 등록하는 학생들을 대상으로 '살아 있는 동물들을 사은품으로 준다.'라는 내용의 선난을 배포하였다는 기사가 논란을 일으키고 있다는 글이었다. 사은품 목록 중에는 고슴도치, 다람쥐, 햄스터가 포함돼 있었다.

국내 반려 인구가 1,000만이 넘는다는 나라에서 어떻게 이런 발상을 할 수 있는지 납득이 가지 않는다. 이미 오래전에 서구 오스트리아, 독일, 스위스 등에서는 민법에 이미 '동물은 물건이 아니다.'라는 것을 명시하고 동물을 '감응력 있는 존재'로 정의하고 별도의 법률로 동물 보호를 천명하였다. 우리나라에서도 동물보호법에 동물을 상이나 경품으로 제공을 금하고 있다. 동물은 물건과 달리 주변 환경을 느끼고 지각할 수 있으며 즐거움과 괴로움, 슬픔 등을 모두 경험할 수 있는 존재이기 때문이다.

동물은 물론 식물까지도 미세한 자극과 비언어적 정보들을 즉각적으로 감지하며 그 의미를 찾아내는 능력이 있음을 인정한다면 그들을 한낱 물건으로서가 아니라 우리와 같은 생명을 가진 존재로 인식하지 않으면 안 될 것이다.

그들과 우리는 지구라는 한 행성에 탄 동반자다.

아무쪼록 우리 인간이 제일 나중에 탄생한 생명체로서 오만하지 않고 겸손하고 배려하는 마음으로 그들과 더불어 조화롭게 살아갔으면 좋겠다.

격세유감(隔世有感)

띵동!

문자가 울렸다. 무심코 받아 든 얼굴에 웃음꽃이 활짝 핀다. 며늘아기가 뮤지컬 공연 티켓을 보내온 것이다. 내가 음악을 좋아하고 연주회를 즐긴다는 걸 알고 일부러 마음을 낸 것이리라. 이렇게 시아비 마음까지 챙겨 주다니! 기특했다.

어떤 뮤지컬 작품인지 궁금하여 인터넷 검색을 했다.

홍보 문안이 요란하다. 토니어워즈 최우수 음악상, 최우수 뮤지컬 의상 디자인상을 포함하여 11관왕을 달성했고 그래미 어워즈 뮤지컬 앨범 후보에도 노미네이트가 되었다고 하였다. 어떤 내용일까? 궁금증이 더해 갔다.

영국 튜더왕가 헨리 8세와 사연 많은 여섯 왕비와의 역사적 스토리를 재기발랄하게 재해석하여 화려한 무대에 연출한 작품이었다. 개성 있는 왕비들의 비극적인 삶을 유쾌하고 신나게 풀어내어 즐거운 콘서트 분위기가 물씬 풍기는 뮤지컬이다. 흥미로웠다. 머릿속에서 도파민이 퐁퐁 솟는다.

연주회장에 들어섰다.

주위를 둘러보니 온통 연인과 친구 사이인 듯 보이는 20~30대 젊은 사람뿐이다. 이들 사이에서 흰 머리칼의 친구 K(아내와 같이 오려고 했는데 아내의 사정으로 친구와 동행했다)와 나는 광활한 대양 위 외딴섬에 온 듯, 외로웠다.

하지만 친구와 나는 모처럼 이 귀한 체험을 한껏 즐기기로 했다. 화려한 무대와 배우들의 매력적인 의상과 연기, 빼어난 가창력으로 몰입의 기쁨까지 맛보게 되었는데 웬 걱정인가? 게다가 젊고 에너지 넘치는 분위기에 흠뻑 젖으며 다시 청년으로 회춘하는 좋은 기회다 싶었다. 연신 끊이지 않는 박수와 함성은 마치 걸그룹 콘서트에 온 것처럼 가슴 벅찬 설렘으로 에너지를 충만하게 한다. 문득 누군가 했던 말이 떠올랐다.

"아하! 이래서 나이가 들어서도 가끔 홍대 앞 거리를 거닐며 젊은 분위기를 느껴 보라고 한 거였구나!"

연주회장을 나오며 자문했다.

"나는 지금까지 이런 귀한 공연을 몇 번이나 감상했을까?"

10만 원이 훌쩍 넘는, 적지 않은 비용을 들여서까지 봤던 기억이 없다. 진정 가고 싶었던 연주회라면 3층 저렴한 좌석에서 멀찌감치 봤던 기억밖에는 없다. 그런데 오늘 이 공연은 주위 1층 VIP석도 빈자리 하나 없이 젊은이들로 꽉 차 있지 않았던가?

새삼 격세지감이 들었다.

우리 세대와는 근본적으로 사고방식이나 라이프 스타일이 다른 것이다. 시대가 바뀐 것이다! 젊은이들이 부러웠다. 생활에 찌들어서, 혹은 주위의 시선을 의식하여, 하고 싶은 걸 쉬이 포기하고 살아야 했던 우리와는 달리, 이들은 당당하게 내지른다. 이들이 생각이 짧아서 혹은 절제하지 못해서가 아니라, 막연한 미래를 꿈꾸기보다는 현재의 확실한 행복을 추구해서가 아닐까? 주어진 현실 속에서 능력껏 누릴 수 있는 걸 즐기며 살겠다는 당당한 삶의 철학으로 읽힌다. 인터넷이나 스마트폰 기술 등 첨단 기술의 발전은 이들의 생활 방식뿐 아니라 가치관과 신념에도 많은 영향을 미친 게 틀림없으리라. 솔직히 말하면, 나는 이들의 삶의 방식이 우리보다 더 건강하고 바람직하게 보인다.

아련한 기억 속에서 힘들었지만 아름답게 빛나던 그때의 젊음으로 다시 돌아가 새롭게 살아 보고 싶다. 어깨를 짓누르던 강박관념이나 주입된 선입견을 떨쳐 버리고 나만의 길을 자유롭게 당당하게 가 보고 싶다. 지금 내 마음은 마치 괴테의 《파우스트》에서 파우스트 박사가 악마 메피스토펠레스에게 자신의 영혼을 팔아서라도 아름다운 젊음을 되찾으려 했던 심정과 같지 않을까.

귀가하는 전철 속에서 이렇게 생각의 나래를 펼치다 문득 흰머리가 무성한, 현재의 나를 돌아봤다. 어리게만 보였던 두 아이가 이제는 30대 성숙한 젊은이의 모습으로 변하며 머릿속에 오버랩된다. 세월이 많이 흘렀다는 의식이 고개를 들면서 이런 생각이 들었다.

이제 우리 세대는 막이 서서히 내리고 아이들의 세상이 도래하였구나. 시대가 바뀌었으니 내가 가진 걸 아낌없이 내려놓고 다음 세대의 주인인 아이들에게 자리를 내주어야 한다. 과거의 낡은 가치관과 사고방식은 물론 머릿속에 맴도는 한 점의 편견까지도 아쉬움 없이 놓아 버리고 이들이 가는 길에 걸림돌이 되지 않도록 길을 터 주어야 한다.

그렇다!

우리는 이들에 대한 지나친 간섭이나 미래에 대한 불안과 두려움도 모두 떨쳐 버리고 우리의 남은 길을 가면 될 일이다. 앞으로 가야 할 길도 만만찮을지도 모른다. 100세 시대라면 수십 년이 걸릴지도 모른다. 그러니 지금부터라도 허투루 살아서는 안 된다. 세상을 등지는 날까지 이 시대가 요구하는 흐름에 순응하며 지혜롭게 살아야 하지 않을까? 필요한 것은 적극적으로 배우고 버려야 할 건 과감히 청산하면서.

이번 공연은 나를 돌아보게 하고
나아가 삶의 지혜까지 살짝 비춰 준 값진 기회였다.

고맙다! 예린이 엄마!

착한 사람 신드롬

며칠 전의 일이다.

평소 문자를 주고받던 친구를 만나, 분위기 좋은 카페에서 얘기를 나눴다. 이 얘기 저 얘기를 나누던 중 친구는 주말마다 텃밭을 가꾸고 거기서 얻은 싱싱한 상추나 샐러드를 맛보는 재미가 쏠쏠하다고 했다. 그러면서 나에게도 텃밭에서 딴 채소를 전해 주고 싶다고 했다. 이 말을 들으니 입안에서 군침이 송송 솟아났다. 금방 딴 상추를 맛있게 먹던 기억이 침샘을 자극했다.

갓 딴 텃밭의 채소를 전해 받기로 한 날이었다.

만나기로 한 장소에 약속 시간보다 일찍 도착하였다. 땡볕에서 힘들게 거둔 채소를 전해 주는 친구의 마음씨에 고마움을 느끼던 마음 한구석에서 이런 목소리가 불쑥 튀어나왔다.

"이렇게 받기만 할 건가? 뭔가 대가를 치러야 하지 않겠어?"

'그래! 힘들여 거둔 수확물을 주는 정성에 뭔가 보답을 해야지!'라고 맞장구를 치면서, 그럼 '어떻게 보답해야 하나?' '무슨 선물을 할까?' 등 잠시 고민에 휩싸인 나를 본다. 친구에게 감사하는 마음자리에서 돋아난 조그마한 고민은 삽시간에 온 마음을 점령해 버렸다.

허탈한 심정으로 나를 들여다봤다. 거기엔 '착한 나'가 마음 한가운데 당당하게 자리 잡고 '나는 착한 사람이니 도움을 받게 되면 반드시 갚아야 한다.'라는 목소리를 내고 있었다. 그러나 '착한 나'의 이면을 살펴보니 내가 착한 사람이라는 걸 인정받고자 하는 에고(ego)의 욕심이 살짝 보였다. 세상이 주입한 지식에 생각 없이 따라가는 나를 단번에 읽을 수 있었다. 순간 연민이 떠올랐다. 부드러운 눈길로 속삭여 주었다.

"네 기특한 마음을 알겠어. 하지만 '착해야 한다.'라는 생각 때문에 정작으로 간직하고 싶은 감사의 순수한 마음이 사라지고 말았어. 지금은 친구의 베풂에 대한 감사의 마음만을 오랫동안 간직하고 싶구나!"

캡틴의 얘기를 듣더니 에고가 슬슬 자리를 피해 준다. 고마웠다.

에고의 이 마음은 내가 성장해 오면서 집이나 학교에서 그리고 사회에서 끊임없이 배우고 교육받은 결과였다. 몸속에 촘촘히 입력된 데이터 프로그램에 내장된 알고리즘에서 흘러나온 소리였다. 이런 생각이 들었다.

'타자의 도움에 반드시 은혜를 갚아야 착한 사람이다.'라는 견고한 신념에 사로잡힌 사람일수록 자신에게 강박적으로 대하고 타인에게도 독단적으로 행동하지 않을까? 또한 자신이 타자에게 베푼 도움에 대해서는 대가를 기대하게 되고, 기대에 부합하지 않을 때는 타자를 비난하고 실망하게 될 것이다.

이것은 내가 지향하는, '대가 없이 베푸는 진정성'을 상실하게 할 뿐 아니라 도움을 받는 타자에게도 부담을 주게 되어 바람직한 관계 유지에 악영향을 주게 될 것이 뻔하다.

이뿐인가?

이런 도덕적 관념에 얽매이는 사람일수록 자신이 정작으로 도움이 필요한 상황에서는 선뜻 상대방에게 도움의 손길을 요청하지도 못할 듯하다. 인간은 혼자 살 수 없는 사회적 동물이기에 이러한 관계는 바람직하지 않다.

또한 이런 사고의 내면에서는 뭔가로 은혜를 갚았다고 생각하는 즉시, 동시에 감사의 마음도 반감되지 않을까? 이제 은혜를 갚았으니 감사하는 마음까지 청산하게 될지도 모른다. 그래서 독일 철학자 니콜라우스 쿠자누스는 '완벽한 도덕주의'에 대한 위험성을 이렇게 신랄하게 경고하지 않았나.

> 결점 없는 자기 정체성을 고집하는 것이 억압의 정체다. 자기를 비판적으로 끊임없이 점검하는 도덕주의 또한 그러한 비판과 성찰의 품새를 통해 실제로 자신이 얼마나 결점 없는 정체성을 가졌는지를 어필하고자 하는 것이다. 그런데 이 모든 것이 억압이다. 이 억압을 멈출 때 스스로가 깨끗한 척, 또는 깨끗함을 위해 하루하루 노력하는 척하는 일을 그만둘 때, 자유는 개방된다.

(출처: 니콜라우스 쿠자누스, 《박학한 무지》, 조규홍 역, 지식을만드는지식, 2013)

그렇다면 내가 타인으로부터 은혜를 입었다고 생각했을 때 갚아야 한다는 강박감 없이 오랫동안 상대의 따뜻한 마음과 상대에게 감사하는 마음을 간직하려면 어떻게 하는 게 좋을까, 곰곰 생각해 보았다. 대안이 떠올랐다.

은혜를 입었을 때는 감사하는 마음만을 오랫동안 기억하는 것이다. 조그마한 은혜에도 상대의 순수하고 따뜻한 배려의 마음을 잊지 않고 뇌 속 장기 기억 창고에 확실히 저장하는 것이다. 그러다가 상대가 내 도움이 필요하다고 판단되는 상황에서는 내가 가진 능력껏 망설임 없이 나서서 도움을 베푼다. 도움을 줘야 한다는 심리적 부담도 느끼지 않고, 억지로 애씀도 없이 마음에서 우러나오는 자발적인 행위로 자연스럽게 표출될 것이다. 이런 마음일 때 비로소 내가 도움받지 않은 대상에게도 부담을 주지 않고 바람 없이 베풀 수 있고, 내가 도움이 필요할 때는 스스럼없이 도움을 요청할 수 있게 될 터이다.

이렇게 은혜와 베풂에 대한 나의 관점을 정립하자 마음이 열리면서 막혔던 가슴이 뻥 뚫려 시원해졌다.

그동안 살면서 경험하거나 배워서 얻은 지식에 기초한 신념에 생각 없이 습관적으로 반응하였다면, 이제는 내가 삶의 주인으로서 더욱 성찰의 날을 세워 생각하며 살아야겠다고 다짐해 본다. 알든 모르든 타인의 은혜에 대하여 심리적 부담을 느끼기보다는 나에게 주어진 상황에 따라 능력껏 행사하면 되는 것이었다. 그러면 베풂의 행위도 더욱 순수해지고 솔직하고 투명한, 조건 없는 베풂이 될 것이다.

이러한 행위야말로 '현재 이 순간'에 집중하는 삶이다. 현재를 완전히 연소하여 한 점의 찌꺼기도 남기지 않는, 진정 내가 주인으로 사는 삶이 될 것이다.

붓다가 말하는 '응무소주 이생기심(應無所住 而生其心)'이요, 예수의 '조건 없는 사랑'의 실천이 아니겠는가.

드디어 친구를 만났다.

친구는 밭에서 뜯은 상추와 깻잎, 샐러드 등을 쉬 상하지 않도록 든든한 비닐 백에 고이 넣어 나에게 내민다. 나는 감사의 마음으로 받았다. 한 점의 부담도 느끼지 않고, 오로지 맛있게 먹고 싶은 기쁜 얼굴을 하고서. 친구 역시 나의 기쁜 표정을 보고 자신의 훌륭한 선택에 만족하며 보람을 느끼는 것 같았다.

돌아오는 발걸음이 한결 가벼웠다.

전철 창가에 탐스럽게 핀 여름꽃들이 더욱 아름답게 보였다.

나의 바둑

나만의 바둑을 두기 위해 바둑을 둘 때 지향할 가치를 정리해 보았다.

첫째, 승패에 얽매이지 않는, 순수한 즐거움을 추구하고 싶다.

승리를 목표로 할 것인지, 아니면 완성도 높은 작품을 만들 것인지, 또 바둑을 단순한 여가 활동을 위한 취미로 추구할 것인지, 아니면 의미 있는 수를 찾아가는 순수한 즐거움을 추구할 것인지 생각해 본다. 나는 단연코 후자에 가치를 두고 싶다.

단순히 승패를 떠나 한 수 한 수 최선의 수를 찾아가는 과정 자체를 즐기고 싶다. 상대를 이기기 위해서나 무료한 시간을 해소하기 위해 두는 것이 아니라, 흑과 백 양자의 조화로운 어울림으로 그려가는, 한 편의 아름다운 작품을 창조하고 싶다.

두 번째, '지금, 이 순간'에 집중하는 바둑을 두어 가고 싶다.

한판의 바둑은 단명국을 제외하면 대략 250수 정도를 두게 되는데, 두다 보면 실착을 여러 번 하게 되어 쉴 새 없이 후회나 아쉬움에 끄달리게 된다. 또한 판세를 미리 짐작하여 닥치지도 않은 막연한 불안에 휩싸이기도 한다. 이러한 심리적인 불안이나 후회는 현 상황에서 최선의 수를 찾아가는 데 장애만 될 뿐이다. 삶에서도 과거나 미래에 얽매이지 않고 현재 이 순간에 집중하여 현존하는 삶을 살아야 하듯이, 과거의 실착이나 미래의 불안에서 벗어나 오직 맞닥뜨린 현 상황에 집중하는 바둑을 두고 싶다.

세 번째, 열린 사고로 유연한 바둑을 두고 싶다.

이미 알고 있던 정석이나 행마, 상투적인 수법, 상식에 얽매이지 않고 열린 마음으로 유연하고 자유로운 착상의 수를 발견하는 즐거움을 맛보고 싶다. 프로의 바둑을 감상하다 보면 여태 한 번도 생각하지 못한 수를 가끔 보게 된다. 특히 세계 최고수 신진서 프로의 대국에서나 AI가 제시하는 수에서 이런 신수를 더러 보게 되는데, 이럴 때마다 짜릿한 희열을 맛보게 된다. 이런 수는 기존 상식이나 틀에 박힌 사고로는 도저히 생각할 수 없는 수다. 반복되는 단조로운 일상에서 반짝이는 깨달음을 얻게 되었을 때 맛보는 환희를 바둑에서도 맛보고 싶다.

마지막으로 나만의 개성 있는 바둑을 두고 싶다.

주위에 배움을 주는 멘토는 AI를 비롯하여 많이 있다. 그들로부터 포석, 행마, 수읽기 그리고 끝내기 단계에 이르기까지 갖가지 지식과 요령을 배우게 된다. 하지만 이런 배움을 어느 정도 체화하여 익히고 난 다음에는 나의 바둑을 두고 싶다.

나만의 개성 있는 삶을 살아가야 하듯, 내가 진정 선호하는 방식으로 나만의 전략을 세워 초지일관 흔들리지 않고 나의 바둑을 두어 가고 싶다. 비록 부족하고 결점도 많고 승률도 신통치 않지만 남을 의식하지 않고 당당하게 내가 원하는 바둑을 두고 싶다. 나의 삶이 비록 온전치 않더라도 나를 존중하고 사랑하는 것처럼 나의 바둑을 사랑하기 때문이다.

바둑은 수행이다.
나는 온전한 수행자가 되고 싶다.

비에 대한 단상

낮에 계속 퍼붓던 비가 잠시 숨 고르기를 하는 차에 저녁 산책을 했다. 공원 오솔길 옆 나지막한 꽃나무들은 잔뜩 물기를 머금고 잎새마다 대롱대롱 물방울을 매달고, 떡갈나무는 스쳐 가는 바람 한 줄기에 살랑살랑 고개를 흔들며 더없이 생기롭다. 대나무 친구는 며칠 안 본 사이에 몰라보게 키가 자라 나를 지긋이 내려다본다.

주위를 둘러봤다.

하나같이 지금, 있는 그대로 즐기는 모습이다. 비가 오면 오는 대로 주어진 현실을 있는 그대로 받아들인다.

문득 이런 의문이 고개를 들었다.

자연의 초목들은 이렇게 비를 맞으면서 저마다의 생명을 마음껏 발산하며 즐겁게 살고 있는데 우리 인간들은 왜 비를 싫어하는 걸까? 물론 적당하게 오는 비는 가뭄이나 홍수를 유발하지 않고 생존에 도움을 주게 되어 반기겠지만, 일상에서 흔히 만나는 비는 왠지 기분을 다운시키고 마음을 꿀꿀하게 만든다.

어릴 적 비와 관련된 경험들이 떠올랐다.

소풍을 앞두고 이것저것 준비하며 설렜는데 다음 날 비가 쏟아져 소풍을 가지 못했던 기억, 주말에 온 가족이 떠나기로 한 야외 나들이가 갑자기 내린 비로 취소되어 하루 종일 집안에서 뒹굴어야만 했던 기억 등, 이런 유사한 기억들이 속속 이어진다. 아마도 누구나 이렇게 비로 인하여 즐겁지 않았던 기억들 몇 개씩은 있지 않을까.

이 기억들은 우리 뇌 속에 저장되고 쌓여 자신도 모르게 비에 대한 부정적 인식으로 자리 잡게 되었을 터이다.

한편으로 최근 산성비에 대한 두려움도 비에 대한 부정적인 인식에 한몫할 듯싶다. 고등학교 과학책에는 산성비에 대하여 이렇게 적혀 있다고 한다.

산성비는 비가 내리는 동안 대기에 섞여 있던 이산화황이나 질소산화물 때문에 생긴다. 이산화황 같은 황산화물은 주로 공장이나 발전소에서 화석원료를 사용하고 배출하는 연기 속에, 질소화합물은 주로 자동차 배기가스에 섞여 있다.

하지만 서울대 빗물연구센터 한무영 소장은 비는 모두 산성인데 땅에 떨어지면 금방 중성이나 알칼리성으로 변한다고 하면서 이렇게 반론을 제기하였다.

이 세상에서 가장 깨끗한 물은 빗물이다. 깊은 산속 깨끗한 물도 원천은 빗물이다. (중략) 호주에서는 실제로 빗물을 받아 병에 담아서 판다. 식수로 사서 마시는 병물의 하나로 아주 비싼 병물이다. 이름하여 구름 주스(cloud juice)다.

(출처: 한무영, 《빗물과 당신》, 알마, 2011)

비는 대기의 자연스러운 순환 현상 중 하나이다. 자연 속 모든 생명체의 생존에 꼭 필요한 것이고 인간과 더불어 상호작용하며 존재하는 자연의 한 형태이다.

문득 어느 여름날 낮에 경험했던 황홀한 장면이 떠오른다.

학의천 변을 산책하고 있었다.

맑은 하늘에 어느새 검은 구름이 다가오더니 순식간에 굵은 장대비가 퍼붓는다. 나는 주위 몸을 숨길 만한 곳도 없어서 그대로 비를 맞으며 길을 가기로 했다.

얼굴을 들고 가로수를 바라보았다.

나무들은 한결같이 한 점의 동요도 없이 당당하게 이 비를 즐기는 듯했다. 나 역시 친구들과 하나가 되기로 했다. 서두르지 않고 터벅터벅 걸어갔다. 온몸이 비에 흠뻑 젖고 운동화에서는 질퍽거리는 소리가 들렸다. 하지만 나의 몸과 정신은 더없이 맑고 가벼웠다.

빗물은 나의 얼굴을 타고 흘러내렸지만, 입가엔 미소가 감돌고 걸음걸이는 경쾌하기만 했다. 나는 자연의 한 일원으로서 비와 주위의 초목들과 하나가 되었다.

황홀했다.

비에 대한 편견 없이 풀잎에 맺혀 있는 물방울을 다시 들여다봤다. 영롱하다. 더없이 예쁘고 아름답다. 물방울 속에 미소 짓는 내가 있었다.

어느 여름날의 명상

무더운 여름
이 친구를 만나
청량한 음색에
지친 영혼은 생기를 얻었네

지금, 이 순간
각자 주어진 본성을 즐기다
언젠가 때가 되면
고향으로 돌아가려니

친구와 나는
거룩한 여정의 동반자
우주 속
하나가 된다

아침부터 푹푹 찐다. 실내 온도가 30도를 훌쩍 넘었다. 밤새 열대야로 잠을 뒤척이고 아침 베란다 문을 활짝 열어젖혔건만 신선한 바람 한 점 없어 기분이 눅눅하다. 간단히 과일과 채소 위주의 소박한 식사를 하고 도서관으로 피서를 떠났다. 아파트 현관문을 나서니 매미 소리가 우렁차게 귀를 때린다. 올여름 들었던 매미 소리 중 가장 우렁차다. 가던 걸음을 잠깐 멈추고 귀를 쫑긋 세워 이 향기로운 음향을 만끽한다. 아련한 추억까지 안겨 주는, 청량한 감로수다.

그렇구나!

이 무더위가 있어서 저 친구들이 이렇게 마음껏 '하이 C(높은 도)' 음을 내지를 수 있었던 게로구나. 이렇게 생각하니 무더위가 고통스러운 것만은 아니었다. 내가 사랑하는 매미들이, 잠자리들이 이 더위로 인해 더욱 에너지가 솟는다면 이 정도의 더위쯤이야 견딜 수 있을 것 같다. 앞으로는 웬만한 더위에도 이들을 떠올리면 짜증을 내지 않을 듯싶다.

좀 덥다고 짜증스러운 표정을 짓던 과거의 내가 보였다. 이 얼마나 속 좁은 인간인가? 자신만을 생각하며 세상에 불편한 시선을 던지고 툭하면 불평을 내뱉는 나에게 연민의 눈길을 보낸다.

조그마한 깨달음이 왔다.

자연의 어느 하나도 버릴 것이 없고 무의미한 것도 없다.

그 자체로 완벽하다.

현실은 신의 뜻이 그대로 드러난 것이니

부정적 생각이 든다면 내가 신의 뜻을 모르고 있을 뿐이다.

거대한 생명의 순환 체계를 생각해 본다.

세월이 흘러 언젠가 때가 되면 몸속 수분과 양분이 빠져나가 쪼그라든 이 몸뚱이는 땅속에 묻혀 미생물과 박테리아에 의해 분해되고 변형되어 우주의 원소로 다시 환원될 터이다. 그러다 때가 되어 조건이 맞으면 또 하나의 물질로, 생명으로 탄생하게 되리라.

지금 이 순간, 이 광활한 우주의 한 모퉁이에서 또 하나의 서사(narrative)를 써 나가고 있는 나를 본다. 지금 나는 영원하고 무한한 현실을 맛보고 있는 우주적 존재다. 내 주위에서 살아가는 크고 작은 모든 생명체는 우주가 낳은 창조물로서 우주의 거룩한 역사에 동참한 동반자이다. 지금 여기, 각자에게 주어진 본성을 즐기고 있는 소중한 존재이다.

우리는 주어진 현실을 있는 그대로, 한 점의 저항도 없이, 기꺼이 받아들일 때 비로소 나는 나를 낳은 우주(신)와 하나가 될 것이다.

문득 크리슈나무르티의 말이 생각난다.

크리슈나무르티는 제자들에게 남기고 싶은 가장 중요한 하나의 가르침이 무엇이냐는 질문에 이렇게 대답했다고 한다.

"무슨 일이 일어나든 마음을 쓰지 않는다(I don't mind what happens)."

수피 격언을 음미해 본다.

나는 나 자신을 찾아 헤맸으나
결국 신을 발견했다.
나는 신을 찾아 헤맸으나
결국 나 자신을 발견했다.

(출처: 루퍼트 스파이라, 《알아차림에 대한 알아차림》, 김주환 역, 퍼블리온, 2023)

성숙한 사회를 꿈꾸며

도서관 화장실 벽에서 이런 문구를 봤다.

'일을 보신 다음에 냄새가 나니 물을 내려 주세요.'

이런 글도 보인다.

도서관 엘리베이터 승강장 앞 바닥에 '바닥을 확인하고 탑승하세요.'

도서관 대출 도서 표지에 '책을 찢거나 파손하지 마세요.'

열람실 입구에 '공공장소에서는 예의를 지키고 소음을 내지 마세요.'

도서관 옥상 잔디밭 옆 팻말에 '잔디밭에 함부로 들어가지 마세요.'

지성의 산실이라 일컫는 도서관에서도 여기저기에서 초등학교 1학년 도덕책에서나 볼 수 있는 '~~세요' 타령의 문구가 보이다니! 동네를 한 바퀴만 돌아 봐도 이런 글귀는 하루에도 여러 번 볼 수 있을 터이다. 생각나는 대로 적어 본다.

아파트 쓰레기 수거장 옆 팻말에 'CCTV를 설치해 놨으니 함부로 버리지 마세요.'

횡단보도 건널목 옆에 '교통 신호등을 꼭 지켜 녹색 신호등일 때 건너 주세요.'

대중목욕탕 입구에 '물을 아껴 쓰는 성숙한 시민이 됩시다.'

식당 배식대 앞에 '먹을 만큼만 가져가세요.'

그리고 자주 타는 지하철 좌석 벽면에 '임산부와 장애인 그리고 몸이 불편한 노인들께 좌석을 양보합시다.'

하루에도 수십 번이나 보게 되는 이런 도덕성 문구를 접하는 성인들은 대체 어떤 생각을 하게 될까, 궁금하다.

이런 문구를 접하는 사람들은 마치 자신이 새삼 코흘리개 시절로 돌아간 듯한 생각이 들거나, 개중에는 아직도 이런 기본적인 도덕도 제대로 지켜지지 않는 현실에, 같은 인간으로서 민망함과 아울러 자괴감까지 느끼지 않을까?

아마도 이런 문구들은 몇몇 몰지각한 사람의 행위가 마치 많은 사람의 행위로 인식되어 일반화한 것으로 믿고 싶다. 그렇다면 부분적인 사실을 성급하게 일반화했을 때 발생할 오류를 피할 수 없을 것이다. 한편으로는 이 글을 붙여 놓은 당사자의 고충도 이해가 되기도 한다.

시민이라면 으레 지켜야 할 기본적인 도덕이 얼마나 잘 지켜지지 않았으면 이렇게 인간으로서의 자존심을 구기면서까지 수고를 아끼지 않을까? 기본적인 양심과 이성을 저버린 사람에 대한 불편한 시선을 던지지 않을 수 없는 그들의 짜증스러운 표정이 쉬이 읽힌다.

한 가지 의문이 떠오른다.

이 문구를 봐야 제대로 행동하는 사람은 성인의 몇 %가 될까? 문구를 써 붙여 놓은 효과가 입증된다고 한다면 과연 이 세상은 성숙한 시민사회라고 할 수 있을까? 이 문구를 쓴 당사자의 말을 실제로 들어 보고 싶다. 문구의 효과가 유효성 있는 수치를 보인다면 우리나라 교육 커리큘럼을 전면 수정해야 할 것이다.

초등학교 1학년, 아니 그 이전부터 가정에서 귀가 따갑게 들어 왔던, 인간으로서 갖춰야 할 기본 소양 교육을 성인들에게도 확대해야 하는 건 아닐까?

잘 알려진 십계명을 오랜만에 들여다봤다.

앞부분 네 가지 종교적 계율을 제외하고 나머지 여섯 가지 계명을 읊어 본다.

제5는 네 부모를 공경하라. 제6은 살인하지 말라. 제7은 간음하지 말라. 제8은 도둑질하지 말라. 제9는 네 이웃에게 거짓말하지 말라. 제10은 네 이웃의 집을 탐내지 말라.

이 계율들은 앞서 제시한 문구보다 더 기본적이고 도덕적인데, 과연 이런 계율들은 잘 지켜지고 있는 것일까? 혹시 이것 역시 잘 지키지 못하고 있는 것은 아닐까?

나를 돌아다본다. 나 역시 이런 계명으로부터 자유롭고 떳떳하지 못한 구석이 있음을 솔직히 부인할 수 없다. 자괴감이 든다.

그렇다! 내가 살고 있는 사회 전체가 이런 계명으로부터 완전 자유롭지 못할 듯하다. 신문만 펴 들면, 인터넷 기사만 보면 눈에 들어오는, 일부 정치가나 고위 공직자, 기업인들의 비리나 불공정하고 비양심적이고 불편한 뉴스들! 우리의 하루는 이런 기사들로 도배한 언론 매체들의 얘기로 둘러싸여 있다. 이런 사회에 사는 우리가 지금 한 공간에서 더불어 살고 있으니 우리 역시 자유로울 수 없는 것이다.

역사를 살펴보면 과거 어느 시절에 지금보다 더 이성과 양심의 소리가 묻혀 버린 때가 있었던가, 묻지 않을 수 없다. 비록 삶이 고난과 가난의 굴레에 허덕였지만, 오늘날처럼 인간의 존엄성이, 인간으로서의 최소의 양심이 쪼그라들지는 않았다.

지금은 인간의 존엄성과 인간성 회복을 위한 노력이 더욱 절실해지는 때다.

무엇보다도 먼저 가정과 학교에서 참사람이 되기 위한 기본 교육에서부터 세상을 조화롭게 더불어 살아가는 교육, 그리고 어떠한 상황 속에서도 존엄한 개인으로서 당당하게 살아갈 수 있는 지혜에 이르기까지, 폭넓고 깊이 있는 교육이 다른 어느 때보다 요구되는 현실임을 절감하게 된다.

(이 글을 쓰고 스무 날이나 지났을까. 나는 설마 했던 장면을 화장실에서 보고야 말았다. 나의 믿음에 살짝 균열이 왔고 일부 수정하지 않으면 안 되었다)

음악의 힘

예민하고 불편한 마음을 진정시키기 위해 도서관 옥상으로 나갔다.

파란 하늘에 흰 구름이 머리 위로 한가로이 떠 있다. 나를 물끄러미 보더니 다운된 나에게 빙그레 웃으며 한마디 한다.

"기운 내! 하늘 아래 심각한 일은 없어!"

그렇다. 지금 내가 왜 기분이 꿀꿀하지? 따지고 보면 별것 아니지 않은가.

문득 그의 노래가 듣고 싶었다. 한때 열정적 공연에 푹 빠져 몇 번이고 반복해 듣곤 했던 그 노래가. 그래! 브루스 스프링스턴의 〈Dancing in the dark〉를 듣자.

유튜브를 클릭하여 그의 노래를 찾았다.

이어폰을 귀에 꽂고 플레이 온을 한다. 설렘으로 살짝 가슴이 떨리고 동공은 벌어진다. 야외 공연 현장을 꽉 메운 관중들의 함성 소리가 하늘을 찌르더니 그의 기타 소리가 들려오기 시작한다.

현장의 한 관중처럼 나도 모르게 벌떡 일어섰다. 그의 작열하는 노래의 리듬에 따라 나의 몸도 자연스럽게 흐느적거리며 어느새 손발마저 자유롭게 동참한다. 이 순간 주위 시선도 아랑곳하지 않고 솟구치는 감정의 분출을 그대로 발산한다. 몸과 마음은 관중과 함께 그의 노래와 하나가 되었다. 연거푸 세 번을 들으며 10분 남짓한 시간이 꿈결같이 흘렀고 이윽고 꿈속 공연 현장에서 빠져나왔다.

마음은 더없이 가볍고 홀가분하였고 눈가엔 눈물이 촉촉하게 맺혀 있다.

문득 하늘을 올려다보았다.

조금 전 연민 가득한 눈으로 나를 내려다보던 그 하얀 존재가 엄지를 치켜세우며 활짝 웃는다.

"바로 그거야!"

나 역시 미소를 띠며 화답한다.

얼마 전 제주 앞바다에서 우연히 목격했던 장면이 불현듯 떠올랐다. 그건 고래의 힘찬 브리칭이었다. 그들은 자유롭게 물살을 가르며 춤추듯 창공을 향해 뛰어오르는 몸짓을 보여 주고 있었다. 사육사가 연출한 인위적인 몸짓이 아니라 자연 그대로 풋풋하고 활기찬 동작이었다. 단야의 〈다시 시작처럼〉의 가사를 음미해 본다.

하늘 닮은 내 몸엔 빛이 담겨 있어.

푸르른 바다, 힘찬 브리칭, 그들처럼 우끈하게

단 10분도 안 되는 짧은 시간에 인간의 영혼을 이렇게도 흠뻑 빨아들이는 게, 음악 말고 또 있을까? 나를 괴롭히는 온갖 생각이나 잡념들을 떨쳐 내는 이 강력한 힘은 어디서 나오는 것일까? 음악은 다른 예술 장르보다 인간의 본성과 직관에 가깝기에 별도의 노력 없이도 흠뻑 느끼며 의식을 이완시킬 수 있다고 한다.

문득 채 두 살도 안 된 손녀가 생각난다. 언젠가 〈아기 상어〉라는 노래를 들려줬더니 듣자마자 어깨를 들썩이고 고개를 연신 끄덕이며 두 팔을 젓는 모습이 인상적이었다.

나는 옥상에서 이 강렬한 체험을 한 후 마음이 꿀꿀할 때면 다운된 나를 구출하기 위한 강력한 구원책으로 음악을 즐겨 이용하고 있다.

The Cramberries 〈Dreams〉
Blondie 〈Hearts of Glass〉
Schubert 〈Notturno〉 (Adagio)
Bach 〈무반주 첼로조곡〉 no.5 & 6
Beethoven 〈Hammerclavier〉 Adagio악장
Brahms 〈Cello Sonata〉 no.1
그리고 Haze Moon 〈Better World〉, 〈깊은 밤하늘의 아름다운 별이 되어〉, 〈달빛 그리고 바다〉

이런 곡들을 언제든지 들을 수 있도록 폰에 잘 저장해 놓았다.
음악이 있기에 오늘도 행복하다.

이런 사람

아침 산책길
주위 초목들과
미소 지으며 인사하고
만나는 말티즈 어르신과
눈빛만으로 교감하며

풀섶에 뒤집혀
안간힘을 다하는 풍뎅이를 보고
그냥 지나치지 못하고
오솔길 개미 한 마리
가던 길을 다 가도록
곁에서 조용히 기다려 주는 사람

아리아 'O mio babbino caro'를
혼자서 조용히 읊조리다
연민으로 눈가가 촉촉해지고
때로는 상대의 핀잔에도

자신에게 사랑과 위로의 눈길을
아끼지 않는 사람

이런 사람이야말로
진정 자신을 사랑하는 사람이 아닐까

소박하지만 감동적인

얼마 전, 요즘 보기 드문, 두 작은 거인을 만났다.

책에서가 아니라 일상에서 이런 분들을 만나다니, 축복이다.

친절과 배려에 감동하는 시간은 일상의 기쁨을 되찾게 해 준다. 두 분의 주인공은 도서관 파트타임 직원과 동네 국숫집 여사장님이시다. 그분들의 얘기를 하려고 한다.

먼저 도서관에서 시간제로 일하시는 어느 중년 여직원 얘기다.

평소 자주 가지 않고 가끔 들러서 책만 대출하는 이웃 동네 조그만 도서관에 갔었다. 신간 서적 코너와 내가 좋아하는 철학, 심리, 종교 서적 코너를 한참 둘러보고 나서 대출할 책 3권을 선정했다.

대출하려고 주머니를 봤더니, 아뿔싸!

지갑이 없었다. 옷을 갈아입고 나온 탓에 지갑을 빠트린 것이다. 지갑 안에 도서관 대출증이 있는데 말이다. 살짝 당황스러웠다. '귀찮지만 할 수 없다. 다음에 다시 와서 빌려야겠구나.' 하고 포기하려다 혹시나 가능한 방법은 없는지 직원한테 문의해 보았다. 직원에게 사정을 얘기하니 가능한 방법이 있다고 알려 준다. 직원이 알려 준 대로 데스크톱 도서관 홈피에 들어가 내 아이디와 패스워드를 치고 들어가려고 했다.

그런데 몇 번을 시도했지만 들어갈 수 없었다. 그 원인을 알지 못했지만 나는 한 두 번 시도하고 쉬이 포기하려고 했었다. 이 과정을 멀리서 지켜보던 직원이 다가와 친절하게 다시 해 보라고 한다. 몇 번을 시도했지만 역시 불통이다. 직원도 고개를 갸우뚱하며 직접 몇 번을 시도해 본다. 나중에 알고 보니 너무 오랫동안 이용하지 않아서 인식하지 못한 거였다.

미안했다. 나의 불편을 해소해 주려고 바쁜 업무에도 불구하고 이렇게 시간을 내어 도와주려는 친절한 태도에 적지 않은 감동을 느꼈다. 지금은 많이 나아졌지만, 이전에 가끔 공공기관에 갔을 때 만족스럽지 못했던 경험들이 떠올랐기 때문이다.

이런 직원도 있구나! 직원의 조그만 친절 하나로 나의 좁은 편견이 사라지며 갑자기 세상이 환하게 밝아졌다.(그 후 나는 이 친절에 대한 조그만 보답으로 나의 책 한 권을 도서관에 기증하고 또 한 권은 이 친절직원에게 드렸다)

다음 동네 국숫집 여사장님 얘기다.

추석 연휴 기간 중 어느 날, 아내가 수원 아들네로 가고 집에 홀로 있게 되었다. 식사 시간이 되어서 외식하려고 나갔다. 거의 모든 식당이 문을 닫고 겨우 어느 국숫집 하나를 발견하고 들어갔다. 시장기를 느끼지 못해 간단히 김밥 한 줄을 주문했다. 그런데 얼마 후 주방에서 내놓은 것은 김밥에다가 라면 한 개가 더 나왔다. 나는 내가 주문한 것과 다르다고 얘기했다. 그런데 주인인 듯한 여성분이 매장에 나오시더니 주문을 착각한 것 같다고 하시며 그냥 드시라고 한다. 그러면서 부드러운 표정으로 김밥하고 같이 먹으면 맛있을 거라고 덧붙인다. 나는 식사를 하고 나오면서 라면값을 내려고 했지만, 한사코 손사래를 치신다.

식당을 나오며 생각해 봤다.

아마도 여사장님의 말투나 태도로 봤을 때 여사장님은 건장한 남자가 김밥 한 줄로는 식사가 부족하다고 생각하고 라면 한 그릇을 내놓고 싶었던 것이리라. 매장에 식사하는 손님도 몇 명 되지 않았기 때문에 분명 여사장님이 착각했을 리는 없었을 터이다.

문득 오래전에 읽었던 일본 소설 《우동 한 그릇》이 생각났다. 추운 겨울날 밤, 우동집에서 벌어진 따뜻한 감동 스토리였는데 눈물을 글썽이며 몇 번을 읽어 봤던 기억이 새롭다.

식당을 나오며 아직도 세상에는 좋은 사람이 많이 있다고 확신하게 되었다.

입가에 살며시 미소가 피어오른다.

이번 추석은 여느 때보다 훈훈하다.

동물을 생각하다

나의 일상 습관을 되돌아본다.

아침에 어미가 낳은 달걀을 깨어 먹고 호두, 아몬드, 그리고 브라질넛 나무가 맺은 탐스러운 열매를 이빨로 씹어 삼킨다. 그리고 점심에는 돼지의 살코기로 만든 돈가스나 내장으로 만든 순댓국, 때로는 친구들을 만나서 치킨을 맛있게 먹기도 한다.

그뿐인가? 추울 때는 동물 피부의 털로 만든 모자나 두툼한 털옷을 걸치고, 잘 때 또한 그들의 몸에서 추출한 털로 만든 이불을 덮는다. 이렇게 타 생명의 희생 덕분으로 내 한 몸, 주위 환경으로부터 보호하며 안전하고 편하게 살아가고 있다.

한때 푸들 강아지나 말티즈가 너무 귀여워 한 마리 입양하여 키우고자 한 적이 있었다. 그러나 지금은 이 생각을 접었다. 그 친구를 소유한다는 것은 삶을 같이한다는 것일 터인데, 나는 아침 일찍 도서관에 나와 저녁 늦게 들어갈 뿐만 아니라 집에서도 내가 하고 싶은 일에 전념을 하다 보면 오직 나의 사랑만을 바라보며 사는 순수하고 여린 그 아이에게 피해를 줄 것 같았기 때문이다. 그렇다면 그 아이와 나 모두에게 바람직하지 않을 것이다. 그래서 반려견이나 반려묘를 키우는 이웃을 볼 때마다 그냥 보이지 않는다. 대단함까지 느끼게 된다.

현대 자본주의 사회에서는 돈이 되는 것이라면 뭐든지 상품화하여 이익을 챙기고, 거의 모든 활동과 의사결정이 인간 중심으로 흘러감에 따라 지구 환경이나 생태계 보존보다는 인간에게 이로운 것에 우선순위를 두고 있다. 이런 사회에서는 타 생명과의 공존이나 인간으로서 갖춰야 할 덕성, 그리고 눈에 보이지 않는 가치보다는 당장 눈에 띄고 확실한 물질적인 것에 더 정신을 쏟게 된다. 그리고 개개인은 국가나 사회가 만들어 놓은 '틀이나 제도'라는 큰 흐름 속에 자신을 내맡기며 살아가고 있다.

이렇게 국가의 통제나 사회 시스템에 대한 적응을 우선으로 삼는 현대 사회에서 개개인은 점점 비인간화된 삶을 살아가지 않을 수 없다. 그래서 철학자 레비나스는 "참으로 인간다운 삶은 그냥 존재함의 차원에 만족하는 조용한 삶이 아니라 타자에 눈뜨고 거듭 깨어나는 삶이다."라고 하지 않았나.

이런 상황을 미국 소설가 토마스 울프는 이렇게 강력하게 저항하며 외친다.

더 큰 깨달음을 위해 그대가 아는 세상을 잃어야 하고,
더 위대한 삶을 위해 그대가 누리는 삶을 버려야 하고,
더 위대한 사랑을 위해 사랑하는 벗들을 떠나야 하며,
집보다 더 포근한 땅을, 이 땅보다 더 넓은 땅을 찾아야 한다.

(출처: 크리스토퍼 필립스, 《소크라테스 카페》, 이경희 역, 와이즈맵, 2023)

나는 세상의 모든 생명은 신성을 가지고 있으며 각자 부여된 본성에 따라 개성 있는 삶을 위해 고군분투하는 소중한 존재로서 서로 연결되어 있다는 믿음을 견지한다. 소아적 편협한 생각과 논리에서 벗어나 진정으로 자유롭고 열린 삶을 살고 싶다. 나는 현재의 삶을 변화시키기로 했다.

할 수 있는 것부터 조금씩 인간으로서 나의 본연의 삶을 되찾고 싶다. 내가 진정 가치 있다고 생각하는 것에 관심 가지고 도전하며 내가 원하는 삶을 살고 싶다.

먼저 식생활부터 개선해 보고 싶다.

인간의 몸은 식물성 단백질만으로도 필요한 아미노산을 충분히 공급 가능하다고 한다. 실행 가능한 것부터 하나씩 실천해 가겠다. 육식을 자제하고 채식 위주의 식습관을 생활화하며 소박하고 절제하는 삶을 지향하겠다. 무고한 동물의 희생을 최소화하고 무한 재생산이 가능한 식물을 섭취함으로써 나의 생명을 이어 갈 수 있을 터이다. 우선 어쩌다 채식하는 플렉시테리언(flexitarian)이 되기보다는 곡식류, 채소류, 콩류, 과일류 위주의 식사를 추구하는 채식주의자가 되고 싶다. 일단 달걀이나 유제품을 먹는 락토-오보 베지테리언부터 시작하여 궁극적으로 비건이 되는 것을 목표로 한다.

나의 이 채소 위주의 절제하는 조그마한 시도가 좀 더 바람직한 세상을 만들기 위한 진일보라고 생각하고 싶다. 유발 하라리는 '공장식 축산은 인류 역사상 최악의 범죄 중 하나'라고 말하였고 톨스

토이는 '도살장이 유리로 되어 있었다면 모든 사람은 채식주의자가 되었을 것이다.'라고 말하지 않았나.

동물들은 타자의 몸을 먹지만 자신들이 먹을 만큼만 먹는다. 인간처럼 재미로 사냥하거나 먹을 것을 창고에 잔뜩 쌓아 두었다가 버리는 일도 없다. 또한 타 생명을 노예처럼 착취하지도 않는다. 동물로부터 배움을 얻는다.

문득 '동물은 소유물이나 물건, 노예, 기계가 아니다.'라는 구호가 써진 피켓을 들고 티셔츠를 입고 거리에서 환경운동을 벌이던 젊은이들이 떠오른다. 지구는 우리뿐 아니라 모든 생명이 함께 살아가는 삶의 터전이다. 늦었지만 지금이라도 할 수 있는 한 보편적 생명에 대한 연민과 사랑을 실행에 옮기고 싶다.

지구에서 더불어 살아가는 동반자로서 이 의미 있고 가치 있는 일에 동참하겠다는 내가 자랑스럽게 느껴진다. 앞으로 동네 베지테리언을 위한 식당이나 채식을 실천하는 인터넷 사이트를 자주 방문할 것 같다.

작은 설렘이 밀물처럼 다가온다.
가슴이 충만해진다.

몸의 신비

몸에 대하여 알수록 점점 몸을 사랑하게 되는 것 같다.

몸은 나의 영혼이 위대한 일을 할 수 있도록 에너지를 제공하는 중요한 역할을 한다. 세상에서 재능을 온전히 발휘하고 내가 하고 싶은 일을 하도록 할 뿐 아니라 주위 타자들과 더불어 조화로운 삶을 살도록 하는 든든한 그릇이다.

하지만 이러한 몸에 대해서 우리는 너무나 모르고 있는 듯하다.

생명 과학의 발달로 속속 인체의 신비가 드러나고 있지만 아직도 여전히 오리무중이다. 우리는 다만 감각 기관이나 내장 기관의 활동을 통해서 어렴풋이 감지할 뿐이다. 인체는 분명 우리가 알고 있는 것보다 훨씬 더 많은 일을 하고 있는지도 모른다. 심장이나 폐, 간, 신장 등에 대해서 알면 알수록 더욱 신비감에 빠진다. 마치 밤하늘의 광활한 우주의 신비를 보는 것처럼.

나는 얼마 전부터 간헐적 단식을 하고 있다.

하루 대부분 시간을 앉아서 책 보고, 글 쓰고, 음악 듣고, 공부하는 데 보내고, 나머지 한두 시간 정도 걸으며 산책하고 때때로 바둑 두고 친구 만나는 데에 사용하기 때문에 많은 에너지를 소모하지 않는다. 그러다 보니 식사 시간에 때맞춰 시장기를 느끼지 못하게 되었고 하루 한 끼 정도는 건너뛰어도 힘들지 않다.

조선시대 사람들은 하루에 두 끼를 먹었다고 한다. 과거 유럽에서도 두 끼가 기본이었다고 한다. 하루 세 끼로 바뀐 것은 산업혁명 후 노동자들의 심한 노동으로 인한 영양 보충의 필요성과 중산층 부르주아들이 자신의 부를 과시하고 즐기기 위한 호사스러운 식사 때문이었다고 한다. 그러니 식사는 자신의 활동량에 따라 적절히 조절하면 되는 것이다. 얼마 전 간헐적 단식의 이점에 대한 글을 읽어 보게 되었고 이제 본격적으로 습관화하려고 노력하고 있다. 단식의 원리는 이렇다.

공복을 유지하면 혈당이 낮아져 인체는 지방을 에너지원으로 사용하게 되고 인슐린 민감도가 높아지면서 자가포식(autophagy, 건강한 세포를 보호하고 유해한 세포를 제거하는 기능)을 자극하는 방향으로 바뀐다. 즉, 간헐적 단식은 세포에게 약간의 스트레스를 줘서 거기에 적응토록 하여 미토콘드리아를 더 건강하게 만들고 DNA 복구와 자가 포식을 강화하게 한다는 원리다. 참고로 혈당치가 높으면 염증과 산화스트레스가 증가하여 혈관 건강에도 악영향을 끼치게 된다.

활동량이 줄어든 나의 경우, 무엇보다도 염려가 되는 것은 과식이었다.

과식으로 인한 잉여에너지는 염증과 세포의 노화를 촉진할 뿐이다. 게다가 단식은 몸에 스트레스를 주지만 낮은 수준의 스트레스는 적당한 자극을 주어 고난을 이겨 내는 과정에서 몸을 더 건강하게 한다. 생물학에서 '호르메시스(hormesis)'라고 부르는 개념이다. 좋은 예로 운동을 들 수 있다. 운동은 근육을 미세하게 손상시키지만, 손상된 근육이 복구되는 과정에서 근육이 더 튼튼해지고 인체가 더 건강해지는 원리다.

문득 '나를 죽이지 못하는 것은 나를 더 강하게 만든다(What doesn't kill me makes me stronger).'라고 니체가 한 말이 떠오른다. 우리가 맞닥뜨리는 시련이 우리의 삶을 더욱 강하게 한다는 삶의 경험적 사실과도 상통한다.

책에서 저자는 간헐적 단식이 행복에도 영향을 준다며 존스홉킨스의대 신경과학자 마크 맷슨 교수의 연구 결과를 인용하여 이렇게 말하였다.

> 인체는 삼시세끼가 아니라 간헐적 단식에 맞춰 적응할 수 있는 능력을 가지고 있다. 단식을 하면 신체의 건강뿐 아니라 뇌 건강과 행복에도 영향을 준다. 신경세포의 성장과 생존을 돕는 물질이 뇌에서 많이 생긴다. BDNF라는 신경성장인자는 배고픔이 주는 스트레스를 극복하기 위해 뇌가 적응하는 과정에서 만들어지는데 처음에는 짜증을 내지만 2주가 지나면 평정심을 유지하며 감정을 조절하는 능력이 향상하여 행복에도 영향을 미친다.
>
> (출처: 정재훈, 《누구나 알지만 아무도 모르는 소식의 과학》, 동아시아, 2023)

맷슨 교수는 더 나아가 동물실험을 통해 간헐적 단식이 당뇨병, 심혈관질환, 암뿐만 아니라 뇌졸중, 파킨슨병, 알츠하이머병 같은 신경질환 위험까지 낮춘다는 사실도 확인하였다.

나는 이 책을 읽고 간헐적 단식을 제대로 실행해 보려고 노력하게 되었다. 이 노력은 내가 지향하는 '절제하는 삶'과도 맥락을 같이하기에 더욱 매력적이다. 하지만 현실적으로 적지 않은 장애를 만나기도 한다. 나는 아침과 점심을 먹고 저녁은 건너뛰는 형식을 취하는데, 저녁 시간에 친구와 모임이 있거나 모처럼 가족과 외식하는 경우는 지킬 수 없게 된다. 하지만 개의치 않는다. 이 소중한 사람들과의 시간 역시 나에게는 놓칠 수 없는 귀한 시간이기 때문이다.

아침 기상하면 몸이 가뿐함을 느낀다.
몸도 지난밤 힘들게 노동하지 않아서 잘 지냈다고 좋아한다.
몸과 더불어 나의 영혼도 평안하다,

운을 줍는 즐거움

도서관에 도착하여 휴대폰을 열어 진동모드로 세팅하다가 우연히 만보기 앱을 보게 되었다. 777이라는 숫자가 보인다. 집에서 도서관으로 7~8분 정도 걸은 걸음 수였다.

쓰리 세븐! 숫자를 보는 순간 뇌에선 세로토닌이 솟는다. 우연이라고 하더라도 괜히 기분이 좋다.

게다가 오늘 아침은 평소와 다르게 피아노와 즐기다 나왔기에 기분이 더욱 업되어 있었는데 이런 기분 좋은 메시지까지 보다니! 이 메시지는 피아노와 함께하여 고양된 지금의 내 마음을 드러내 보여준 건지도 모른다. 아무튼 느낌이 좋다.

이것만이 아니다. 아침에 나오면서 또 하나의 좋은 일을 경험했다. 오는 길가에서 찌그러진 채 버려진 콜라 깡통을 주워 도서관에 가져 들어와 쓰레기 분리 수거통에 버린 일이다. 초등학교 근처다 보니 아이들이 버려 놓은 것일 터이다. 이런 일은 평소에도 더러 하는 일이니 특별할 것도 없다. 하지만 오늘은 여느 때와는 달랐다.

감사하는 마음으로 이 행위를 했다. 지나는 사람을 의식하지도 않고 냉큼 가서 주웠다. 며칠 전 신문에서 봤던 글이 생각났기 때문이다. 백영옥 작가의 칼럼에서 본 이야긴데 거기에는 이렇게 씌어 있었다.

일본의 괴물 투수이며 타자인 '오타니 쇼헤이'가 다저스에 입단했다는 뉴스를 보았을 때, 나는 9,000억이 넘는 그의 10년 연봉보다 "청소는 남이 떨어뜨린 운을 줍는 것!"이라고 정의한 그의 말이 먼저 떠올랐다. 쓰레기 줍기, 청소, 책 읽기, 인사하기는 그가 운을 모으려고 실천하는 것이다. (중략) 문득 세상이 아닌 자신의 언어로 단어를 새로 정의하고, 꾸준히 실천한 사람들이 원한다는 일을 해낸다는 사실을 깨달았다.

(출처: 백영옥의 말과 글, 〈행운을 모으는 법〉, 조선일보, '23. 12. 18.)

나는 이 말을 읽는 순간 무릎을 쳤다.

어쩔 수 없이, 무심코 하게 되는 이러한 일을 오타니 씨처럼 감사하는 마음으로 흔쾌히 하게 된다면 얼마나 좋을까? 나는 왜 여태 이런 생각을 못 했을까? 이 행위를 짜증 내면서 불편한 마음으로 하는 것이 아니라, 이런 기회를 나에게 제공해 준 타인에 대한 감사의 마음으로 한다는 것이 얼마나 참신한 발상의 전환인가? 이왕 하는 행위라면 기쁘고 즐거운 마음으로 해서 좋고, 이런 행위를 하고 나면 내 영혼이 더욱 정화되는 것 같아 더욱 좋을 듯하다.

오타니 쇼헤이!

그가 어마어마한 연봉 계약을 따내고 올해 미국 프로 선수 중 최고의 홈런 기록을 세우고, 게다가 아메리칸 리그 MVP로 뽑힌 건 우연이 아니라 이런 노력의 결과인가? 오타니가 말한 운 모으는 다른 행위들도 눈여겨보았다. 그중 책 읽기와 인사하기는 내가 마냥 좋아서 하는 것이고, 청소는 이런 마음으로 한다면 더욱 즐거운 마음으로 할 것 같다.

행위의 대상을 더욱 확장해 봤다.

만나는 대상이 사람뿐 아니라 동식물에 이르기까지 친절과 배려의 마음, 연민과 공감의 눈빛으로 대한다. 그리고 비록 대상이 내가 바라는 모습이 아니거나 나와 생각이 다를지라도 떨어진 운을 줍는 감사하는 마음으로 대하는 것이다. 생각만 해도 설레고 흥분된다.

이렇게 생각을 바꾸면 같은 행위라도 지옥이 천당으로 변하지 않을까?

이게 불교에서 얘기하는 바로 '일체유심조(一切唯心造)'일 뿐 아니라 나의 좌우명인 수처작주(隨處作主), 내가 주인이 되는 길이었다.

앞으로 거리에서, 엘리베이터에서 또 어떤 운을 줍게 될지 설렌다.

나는 로또를 사지 않겠다

늦은 저녁, 시내 거리를 지나가는데 사람들이 꽤 많이 모여서 웅성웅성하는 소리가 들렸다. 축하한다는 얘기도 들리고 해서 무슨 일인가 들여다보았다.

진원지는 로또 판매점이었는데 누군가 그날 발표된 로또에서 2등에 당첨된 것이다. 주위에 있던 많은 사람이 당첨된 그 사람을 부러운 눈빛으로 바라보고 있었다. 나 역시 순간적으로 '와우~'를 외치며 이제 저 사람은 연봉을 벌었으니 당분간 행복하게 살겠다고 생각했다.

길을 걸으면서 잠시 로또에 대해 이것저것 생각해 봤다.

상금은 당첨된 인원에 따라 다르겠지만 1등이면 평균 20억 원, 2등이면 7~8천만 원 정도라고 알고 있다. 운이 따라와 준다면 적은 금액으로 이렇게 큰 상금을 받게 된다는 건 여간 매혹적인 거래가 아닐 수 없다. 그래서 당첨 확률이 바늘구멍처럼 적지만 사람들이 로또에 열광하는 게 아닐까.

나에게 큰 운이 몰려와 내가 로또 1등에 당첨되어 20억 원을 횡재했다고 가정해 봤다.

많은 변화가 예상되지만 제일 먼저 이 돈을 어떻게 쓰느냐를 생각해 보게 될 것 같다. 일단 세금을 제한 금액을 은행에 안전하게 보관하고 1억 원 정도 인출하여 당장 사고 싶었던 가전제품이나 타고 싶었던 차 등을 구입하고 해외 호화 크루즈여행 카탈로그를 뒤적일 듯싶다. 또한 어디선가 소식을 듣고 나를 찾아오거나 전화를 걸어 오는 친척이나 친구들을 맞느라고 한동안 기분 좋은 몸살을 앓지나 않을까.

그뿐만이 아닐지도 모른다.

매일 아침 도서관에 가서 책을 읽고 글을 쓰던 재미도 시들해지고, 한두 차례 하던 학의천 산책도 발길이 뜸해지고, 설레는 마음으로 치던 피아노에 대한 열정도 식어 버리고, 가끔 친구를 만나서 일상을 얘기하고 바둑 두는 다정한 시간도 가뭇 사라질 줄도 모른다.

평소 소중히 생각하던, 평범하고 소소한 일상은 어디론가 증발해 버리고 그 많은 돈을 소비하기 위해 코피가 터지도록 여기저기 동분서주하는 내가 쉬이 그려진다. 사람마다 조금씩 다르겠지만 아마도 대부분은 이런 패턴에서 크게 벗어나지 않을 듯싶다. 추측건대 적어도 이런 생활은 시간이 흘러 횡재가 다 소진될 때까지는 계속되지 않을까? 후유증 또한 만만치는 않겠지만.

인간의 욕심은 끝이 없는 것 같다.

몇 달 전 신문에서 국세청이 세금 납부 능력이 있음에도 변칙적 수법을 사용해 징수를 회피하거나 재산을 은닉하고 호화 생활을 영위하는 고액 체납자를 대상으로 강도 높은 재산 추적 조사를 실시 중이라는 보도를 본 적이 있다. 이렇게 필요 이상의 재산은 평온한 일상의 생활 리듬을 깨고 본의 아니게 혼란과 분쟁에 휘말리게 하여 오히려 불행한 삶을 살게 되는 경우가 다반사인 것으로 어느 조사 결과 밝혀지기도 하였다.

책에서 이런 극단적인 사례도 봤다.

> 건설 사업가 잭 휘태커는 2002년 크리스마스 밤에 무려 3억 1,500만 달러의 파워볼 잭폿에 당첨되었다. 그는 졸지에 웨스트버지니아주 일대의 유명인이 되어 모범적인 벼락부자의 모습을 약속했다. TV인터뷰 진행자에게 "좋은 일을 하면서 사람들을 도울 것"이라고 말했고 가족과 시간을 더 많이 보내며 평소처럼 살겠다고 덧붙였다. 하지만 일주일 만에 그가 목격된 곳은 동네 스트립클럽인 핑크포니였다. 그의 수중에는 5만 달러가 있었다.
> 당첨 이후 그의 삶은 그야말로 비극이었다. 술과 노름에 빠져 아내에게 버림을 받았고 도난과 고소를 당했으며 암으로 딸이 세상을 떠나고, 방화로 자택이 불에 타기도 했으며, 그가 애지중지하던 17살 손녀는 어느 날 자동차 트렁크에서 시신으로 발견되었다.
>
> (출처: 뉴 필로소퍼 〈무엇을 위한 부(富)인가〉 VOL. 27, '24. 7. 3.)

만약 내가 로또에 당첨되었을 경우에도 이처럼 되지 않으리라고 확신할 수 있을까? 나 역시 통제 가능한 평범한 일상 대신 외부 환경에 휘둘리는, 돈의 노예로 살게 될 성싶다. 아마도 그렇게 될 확률이 높을 터이다.

나는 절대 로또를 사지 않겠다.

나는 책 읽고 글 쓰고 산책하고 음악 듣고 바둑 두는 소소한 일상을 포기하고 싶지 않다. 이 평범한 일상이 나에게는 소소하지만 값진 행복이며, 여기에 나의 존재 의미가 있다고 생각하기 때문이다.

게다가 마땅한 수고도 하지 않고 그저 주어지는 행운 같은 것은 떳떳하지도 않고, 취하고 싶은 생각도 없다. 나에게 주어진 것을 감사하는 마음으로 소중히 받아들이고 만족하며 절제하는 삶이야말로 지속 가능한 행복한 삶이 아닐까, 생각해 본다.

이제는 거리를 가다 눈에 띄는 로또 판매소에는 눈길도 주지 않을 것 같다.

진정 소소하지만 행복한 삶을 살고 싶기 때문이다.

색다른 여행

여기저기서 긴 휴일을 이용하여 국내 명소나 외국 나들이 가는 사람들을 보게 된다. 그들은 아마 떠나기 전 설레는 마음으로 여행지에 대한 책자를 보고 답사를 해 볼 것이다. 내가 살던 곳에서, 꽉 짜인 분주한 일상에서 잠시 벗어나 새롭고 낯선 풍경을 보며 즐겁게 시간을 보낸다는 것은 생각만 해도 가슴 설레고 흥분되는 일이다. 여행에 대한 로망은 동서양 모두, 시대를 막론하고 남녀노소 공통적인 현상인 것 같다.

가는 사람마다 여행하는 목적과 의미는 다를지 모르지만 결국 여행의 본질적 의미는 낯익은 공간과 반복되는 일상에서 탈피하여 평소 경험하지 못한 색다른 세상을 접하며 순간순간의 멈춤과 여백 속에서 여유로운 휴식을 즐기고 에너지를 재충전하는 데 있다고 생각한다. 때로는 낯선 공간에서 나와 다른 사람들의 생각을 읽으며 언뜻언뜻 자신의 민낯을 보고 편협한 사고를 인식하게 되는 통찰도 덤으로 얻게 되기도 한다.

오래전 읽었던 괴테의 《이탈리아 기행》이 생각난다.

이 책은 작가의 천재성을 일깨우고 삶을 변화시킨 전환기적 기록으로 약 1년 8개월 동안 괴테가 이탈리아를 여행하며 쓴 글이다. 괴테는 몸담고 있던 독일 땅을 벗어나 새로운 공간을 접하며 색다른 예술을 새로운 눈으로 감상하고 자신과 다른 사람들의 사는 모습을 관찰하면서 자신을 다시 돌아보는 성찰의 시간을 갖는다. 그는 이렇게 여행을 통해 예술과 세상을 보는 안목의 폭을 넓힐 수 있었다.

돌아보면 우리가 자유로이 해외로 여행을 떠나게 된 것은 40년도 채 되지 않았다. '80년대 중반까지만 해도 일반인이 해외여행을 할 경우, 까다로운 심사를 받아야 했고 한 번 출국하여 귀국하면 효력이 없어지는 단수여권이었다. 그러던 것이 '89년에야 관광 목적의 출국 허용 연령이 철폐되고 해외여행이 전면 자유화되었다. 하지만 낯선 공간을 찾아가는 여정은 여전히 적지 않은 시간과 노력, 비용이 들어가는, 쉽지 않은 선택이다.

요즘 우후죽순 격으로 철 따라 해외로 몰려가는 단체를 많이 보게 된다. 그들 역시 지금 살고 있는 공간에서 탈피하여 새로운 환경을 접하며 맞닥뜨리는 설렘과 즐거움을 몸소 체험할 것이다. 단지 새로운 곳을 방문했다는 인증 샷이나 눈에 보이는 대상에 대한 눈요기만이 아니라면 말이다.

이런저런 생각을 하다가 문득 이런 의문이 들었다.

여행을 할 만한 시간이나 체력, 경제적 사정이 따라 주지 않는다면 굳이 힘들게 여행을 가지 않더라도 여행의 즐거움을 맛볼 수는 없을까?

얼마 전에 책에서 '이미지 트레이닝'의 놀라운 효과를 읽은 적이 있다. 머릿속으로 연습한 결과 실제 연습한 것과 거의 같은 수준의 효과를 얻었다는 것이다. 책에는 이렇게 씌어 있었다.

> 4박 5일 일정의 여행을 떠났을 때 머릿속에서만 이미지 트레이닝을 하고 귀가하여 피아노를 2시간 연습하였을 뿐인데 집에서 5일 동안 날마다 연습한 정도까지 수준이 향상되었다고 하는 실험연구 결과가 있다. 한 피아니스트는 연주하는 모습을 머리에 떠올리기만 해도 실제로 연주할 때와 같이 뇌의 네트워크(운동피질, 보조 운동피질, 전운동피질, 소뇌, 후두전엽)가 활성화되었다고 한다.
>
> (출처: 후루야 신이치, 《피아니스트의 뇌》, 홍주영 역, 끌레마, 2016)

그렇다면 이런 효과를 여행의 간접 경험을 통해서도 가능하지 않을까?

책을 읽고 감상하는 행위를 생각해 봤다.

나의 경우 책을 볼 때 책 속에 나오는 도시나 마을의 거리, 정원, 호수, 미술관, 건축물 등이 궁금할 때는 구글 지도 앱에 들어가거나 인터넷 블로그를 검색해 그곳에 올려 놓은 다양한 사진을 펼쳐 놓고 눈길로 따라가 상상하며 간접 체험을 하곤 한다.

쇼팽이 연인이었던 조르즈 상드와의 추억이 가득한 지중해 마요르카섬 풍경을 감상하기도 하고, 몬타뇰라에 정착한 헤세가 아름다운 풍경을 화폭에 담았던 루가노 호수 주위를 둘러보고, 모네가 말년에 수련을 완성한 지베르니에서 물의 정원을 거닐어 보는 재미가 제법 쏠쏠하였다. 이뿐만이 아니다. 꼭 가 보고 싶은 로키산맥의 밴프 숲을 둘러보고 그곳에서 럭셔리 기차여행을 하면서 창가에 스치는 숲 정경을 보며 온몸으로 환희를 경험하기도 했다.

신체의 교감 신경이 활발해지고 심박 수가 증가하고 뇌에서는 보상받을 때 나온다는 신경 전달 물질인 도파민이 뿜어 나온다. 나 역시 여행의 이미지 트레이닝을 통해서 실제로 여행하는 것과 유사한 신체 반응을 체험한 것이다.

이런 경험 때문인지 모르지만 요즘 나의 여행에 대한 갈증은 이전보다 훨씬 줄었다. 젊었을 때 연휴가 주어지거나 보너스를 탈 때마다 더욱 심했던 여행에 대한 욕망은 어디로 사라진 것일까.

"인생에서 제일 중요한 것은 나 스스로 기분 좋게 느낄 수 있는 상태가 되는 것이다."라는 첼리스트 요요마의 말에 진하게 공감하는 나를 본다.

이제는 내가 직접 여행하지 않더라도 발달된 IT기술 덕분에 내가 가서 보고 싶은 곳을 언제라도 영상이나 사진으로 갈 수 있고 거기서 좋은 기분까지 느낄 수 있다고 생각하니 이보다 더 좋을 수 없다.

비행기여, 안녕!

오늘은 또 어디를 가 볼까,
상상하며 설렘을 느끼는 나는 행복하다.

실수를 즐기는 삶은 아름답다

우연히 피겨 선수인 김연아가 빙판에서 쿵! 하고 엉덩방아를 찧는 영상을 보게 되었다. 그가 2010년 밴쿠버 동계올림픽에서 금메달을 따기 이전 대회에서의 영상이었는데 이 장면을 보는 순간 당혹스러웠다. 그는 곧바로 일어나 다시 마음을 가다듬고 하던 동작을 이어서 과감히 연출했다. 꽉 다문 입술에서 새로운 결기가 느껴졌다. 나도 모르게 주먹이 쥐어졌고 얼굴에는 살짝 안도의 미소가 번졌다. 결국 이 대회에서 우승은 못 했지만 대견스러웠다.

그가 연습하는 동안 얼마나 많은 엉덩방아를 경험했을까? 궁금했다.

한 번의 큰 사고는 이전 300번의 잠재적인 사고의 결과라는 하인리히 법칙을 떠올리지 않더라도 그 역시 이전에 수백 번의 넘어짐을 경험하였을 터이다.

이뿐인가?

지금 한창 최전성기를 누리는 손흥민 선수 역시 이전 게임을 보면 경기 도중에 연속 헛발질을 지르기도 했으니 연습 과정에선 얼마나 많은 실수를 연발했을까. 골프 여왕 박세리 선수도, 바둑 세계 챔피언 신진서도 공식 대회에서 실수하는 걸 보지 않았던가. 이런 과정들을 거쳐야 또 하나의 별이 탄생하는 거였다.

인간은 도전하고 노력하는 한 실수하게 마련이다.

욕망과 열정이 있는 한, 세상과 끊임없이 부딪치게 되고 실수는 자연스럽게 덤으로 따라온다. 도전하고 노력하는 삶에서는 실수는 성장을 위한 통과의례가 된다. 이 실수를 마다하지 않고 즐기며 받아들일 때 한층 더 성장하고 완벽해지지 않을까? 이때 실수는 불행이 아니라 행운이 될 터이다.

하지만 요즘, 실수를 전혀 용납하지 않으려는 분위기를 자주 보게 된다. 회사나 학교, 그리고 집에서 조그마한 실수도 죄악시하며 완벽과 무결점만을 추구하는 듯하다. 실수를 보는 상사나 선생님, 부모의 시선은 싸늘하고 무섭기까지 하다. 마치 결점 없는 인간만이 경쟁에서 이겨 살아남을 수 있다는 듯이 말이다. 회사는 최대의 이익을 얻기 위해서, 학교는 학생들을 명문대에 보내기 위해, 또 집에서는 듬직한 고가의 아파트를 쟁취하기 위해서는 실수로 헛발질하면 안 되는 것이다. 학교나 사회로부터 그렇게 배워 왔고, 또 그렇게 길들여진 탓이다. 결국 우리가 추구하는 가장 바람직한 목표는 무결점, 무오류의 완벽한 로봇 인간이 되는 건가?

나의 지나온 자취를 되돌아봤다.

앞만 보고 세상이 그려 놓은 성공이라는 환상을 향해 달려갔다. 옆 동료들을 앞질러 승진하고 인정받으며 행복한 듯했다. 한참을 달려가다 보니 일상은 반복되어 타성에 젖었고 세상이 지루해지고 재미가 없어졌다. 이건 내가 원하는 삶이 아니었다. 나는 인간이 아니라 세상이 지향하는 성공을 향한 도식에 잘 길들여진, 하나의 로봇이 되어 있었다. 이제는 느지막이 가던 걸음을 멈추고 가쁜 숨을 고르며 나 자신을 돌아본다.

우리는 자신만의 개성과 인간다움이 존재하는 삶으로 돌아가야 한다.

무엇보다도 실수에 관대한 세상, 실수가 용납될 뿐 아니라 권장되는 세상이 그립다. 실수가 용납되지 않는 세상에서 어찌 풋풋하고 열정적인 도전이 싹틀 수 있으며 독특한 개성과 인간성의 승리를 맛볼 수 있겠는가? 더 나아가 '성공', '실패'라는 단어가 의미가 없는 세상이 그립다. 성공이나 실패라는 단어는 사회가 만들어 놓은, 개성과 인간성을 말살하는 '프로크루스테스[1]의 침대'일 뿐이다. 세상이 만들어 놓은 틀이나 제도에 따라 평가하고 판단하여 자신만의 온전한 삶을 누리지 못하게 하기 때문이다.

우리는 주어진 환경에서 각자 부여받은 능력을 마음껏 발휘하여 지금 내가 하는 일의 과정을 즐길 뿐이다. 결과는 우리의 통제 범위 밖이니 집착하지 않고서.

"인간은 비록 실수하여 파괴될 수는 있지만, 패배하지는 않는다." 라는 어니스트 헤밍웨이의 말이 문득 떠오른다.

주어진 환경에 종속되지 않고 자신이 하고 싶은 것에 부단히 도전

---

1) 그리스 로마 신화에 '프로크루스테스'라는 강도가 나오는데 자신의 집에 온 손님을 미리 만들어 놓은 침대에 눕히고 키가 침대보다 작으면 팔다리를 늘려 죽이고 크면 다리를 잘라 죽였다고 한다.

하면서 깨지고 넘어지고 상처받으면서도 다시 툭툭 털며 일어나 자신의 길을 즐겁게 걸어가는 삶을 더러 보게 된다. 그들은 세상이 만든 프레임에서 벗어나 과정 자체를 즐기며 자신만의 삶을 창조하며 살아간다. 그들은 세상을 떠날 때 아마도 천상병 시인처럼 이렇게 말할 것 같다.

나 하늘로 돌아가리라.
아름다운 이 세상 소풍 끝내는 날,
가서, 아름다웠다고 말하리라

(출처: 천상병 시, 〈귀천(歸天)〉 중)

그들에게 소풍은 세상의 이목에서 벗어나, 가고 싶은 곳을 자유로이 소요하며, 맞닥뜨리게 되는 실수에도 즐겁게 미소 지으며 툭툭 털고 일어서는 재미있는 한 편의 놀이가 아닐까.

손녀딸 말 배우기

경이롭다! 놀라운 성장이었다.

인간의 두뇌가 가진 엄청난 잠재력에 입을 다물 수밖에 없다. 그 동안 결점 많고 불완전하다는, 뇌에 대한 선입견이 깨지고 놀랍고도 신비롭다는 생각까지 하게 되었다. 그것은 며칠 동안 손녀를 곁에서 지켜본 경험에서 비롯되었다.

수원에 사는 아들 내외가 공교롭게 한꺼번에 코로나에 걸려서 아이를 우리 집에서 잠시 맡기로 했다. 우리 부부는 종일 손녀 돌봄은 처음이라 당혹스러웠지만 다행히도 아이가 엄마, 아빠가 없어도 곧 잘 적응을 해 준 덕분에 그런대로 어렵지 않게 돌볼 수 있었다. 아이와 함께 하루 종일 붙어서 아이 먹거리를 챙기고, 하고 싶은 걸 맞춰 주는 일이 생각보다 만만치 않았다. 하지만 이러한 성가신 일 이면에 이보다 백배나 되는 큰 수확이 있었다. 그것은 아이가 하는 말이나 행동을 곁에서 관찰하는, 쏠쏠한 즐거움이었다.

돌봄 첫날이다.

오후부터 손녀 예린이가 하는 말 중 새로 익힌 단어라고 생각된 것을 들은 대로 즉시 핸드폰에 메모해 보았다. 어떤 단어를 구사할 수 있을까? 새롭게 사용하는 단어가 하루 몇 개나 될까? 별 기대는 하지 않았지만 궁금하기도 해서 한 단어, 한 단어 기록해 보았다. 이렇게 적어 봤더니 얼마 가지 않아서 핸드폰 메모지 한 면이 꽉 채워진다.

의외였다.

겨우 27개월도 안 된 아이가 단조로운 일상에서 접하는 경험이 있으면 얼마나 있겠나, 생각했었는데 기대를 훨씬 빗나갔다. 핸드폰에 메모했던 단어를 적힌 대로 나열해 봤다.(아이의 발음이 정확하지 않아서 이해가 안 되면 아내로부터 도움을 받기도 했고, 가능하면 맞춤법에 의거해 기록했다)

답답해(춥다고 옷을 껴입혔더니) / 치마 입었네(나무로 만든 조그마한 인형을 보고서) / 이거 새로운 거네 / 알록달록하네(그림책에 나오는 옷을 보더니) / 잠깐만 / 바꿀 거야 / 괜찮아 / 어떡해 / 너무 춥다 / 신기하다 / 누르면 되는데 / 간지럽네(볼에다 입을 맞췄더니) / 대단하다 / 맨발로 올라가면 되는데 / 살짝 하면 되는데(블록 위를 맨발로 올라가면 아야! 할 거라고 했더니) / 둥둥 뜨네 / 좁은데 많이 탔네 / 이렇게 넘겨 봐(그림책을 보면서) / 나 혼자 봐요(내가 이 비디오 안 보겠다고 하니까) / 손가락 끼는 거야(동그란 링 모양의 물건을 어디다 쓸 거냐고 했더니) / 재미있어요 / 할머니! 저기서 세탁기 소리 나요(실제로 가 봤더니 냉장고 소리였다) / 여기가 제일 편해요

돌봄 둘째 날이 되었다.

아침부터 눈이 펑펑 쏟아졌다. 예린이가 집을 떠나 살짝 긴장했는지 어젯밤은 평소보다 늦게 잠이 들어서 아침 9시에나 일어났다. 컨디션이 좋은지 울거나 짜증 내지도 않고 거실과 방을 오가며 신기한 듯 둘러본다. 창밖에 내리는 눈도 한참 바라보기도 한다. 어제에 이어서 예린이가 하는 말에 집중하며 메모를 시작했다.

살금살금 / 부채 같아요(나무젓가락 몇 개로 얼굴에다 부쳐 보더니) / 시계가 막 돌아가네(벽시계 초침을 보더니) / 방구 소리 나네(책상이 바닥에 끌리는 소리를 듣고) / 이거 물갈퀴네(그림책의 악어 발가락을 보더니—어제 아내가 그림책을 보며 가르쳐 줬다고 한다) / 이건 '누'네(이것도 어제 아내가 그림책을 보며 가르쳐 줬다고 한다) / 사이좋게 노는 거야 / 많이 먹으니까 힘이 세지(아이가 이불을 가슴에 한 아름 안고 가는 걸 보고 '예린이가 힘이 세다.'라고 하니까) / 왜냐면 배가 부르니까(밥을 더 먹으라고 하니까 그만 먹겠다고 하면서) / 아파또가 망가졌나 봐(창밖의 어수선한 아파트 신축 현장을 보더니) / 할머니하고 약속했어 / 마지가 이렇게 생겼어(마지 인형을 보면서) / 이거 통과했어요(동그랗게 생긴 긴 종이대롱에 뭘 넣더니) / 움직이는 거 싫어(어떤 장난감을 보고 무서웠는지) / 스카프 같아(자신의 목에 가는 띠를 두르더니) / 이거 풀어 줘(매듭을 가리키면서) / 저거 날아갈 수도 있겠네(비디오 영상에서 날개가 달린 공룡을 보더니) / 눈이 그쳤네 / 살뚝살뚝 자르면 되겠네(가위를 보더니) / 테레비에서 볼 거야, 유튜브에서 볼 거야?(《상어 탐험대》 비디오 영상을 보여 준다고 하니까) / 궁금해! / 한번 밖에 나가 보면 안 될까요?(바깥 눈 구경 가자고 하는 말에 내가 안 나간다고 하니까) / '살금살금, 조심조심'(눈에 살짝 미끄러진 후에 걸으며 한 말) / 아~ 예쁘다! 아름답다!(할머니랑 산책하며 눈을 보면서) / 이거 한번 먹어 보면 안 될까요?(내가 꼬깔콘 먹는 걸 보더니 다가와서) / 팔찌가 예뻐서 필요해(내가 팔찌 낀 걸 보더니 갖고 싶다며) / 이거 치워요, 답답해(추울 것 같아 이불을 덮어 줬더니)

이상이 내가 이틀 동안 아이를 곁에서 관찰하며 메모한 기록이다. 짧은 기간이지만 인간의 무한한 잠재 능력에 새삼 놀라웠다. 이 조그마한 아이의 뇌는 그야말로 단어를 듣는 즉시 빨아들이는 스펀지 같았다. 곁에서 어른들이 하는 말을 죄다 듣고서는 가끔 한마디씩 던지는 말을 들을 때면 경이롭기까지 하다.

문득 인간의 두뇌에는 약 1,000억 개 정도의 뉴런이 있는데, 일상적으로는 10% 정도만 활성화되는데 고도의 정신 집중을 하면 그 활성화 비율이 높아진다고 한다. 뇌는 인간 몸무게의 2%밖에 안 되지만 몸이 소모하는 에너지의 20%를 소모하는 소중한 기관인데, 이런 인간의 뇌가 어릴 때 거의 형성된다는 사실을 생각하면 어릴 때 교육이 얼마나 중요한지 알 수 있다.

이번에 아이가 언어를 배우고 활용하는 능력을 가까이서 지켜보면서 어릴 적 교육의 중요성을 새삼 깨닫게 되었다. 집에서 하는 부모의 말 한마디, 행동 하나하나가 아이들의 장래에 미치는 영향을 진정 생각한다면 허투루 말하거나 행동할 일이 아니다.

제일 좋은 교육은 부모나 선생님이 몸소 행동으로 보여 주는 것이다. 가능한 한 많은 시간을 할애하여 아이들과 함께하며 좋은 말과 행동으로 모범을 보여 주는 것이야말로 우리 사회의 미래를 밝게 하는 것이리라.

이틀 동안 아이의 눈으로 사물을 보고 세상을 이해하며 또 하나의 세계를 경험했다.

섣부른 선입견이나 불필요한 생각이 줄자, 웃음이 많아졌고 그만큼 더 행복했다.

치매로부터 자유

국내 치매 인구가 벌써 100만에 이르렀다는 기사가 떴다.

평균 수명이 길어지고 노년층이 늘면서 치매에 걸리는 사람 역시 늘고 있다. 최장수 국가인 일본의 경우 치매 환자는 600만이 넘는다고 한다.

뇌는 인체 장기 중에서도 매우 튼튼한 장기여서 제대로만 사용한다면 쉬이 쇠퇴하지 않는다고 한다. 그런데도 왜 이렇게 치매 인구가 폭증하는 걸까? 생각해 봤다.

우리는 정보 홍수 속에서 살고 있다.

힘 안 들이고 손가락 몇 개만 움직여도 내가 알고 싶고, 보거나 듣고 싶은 욕구를 충족시킬 수가 있다. 우리의 생활은 이전보다 한층 편해졌지만, 뇌의 주 역할인 사고하고 판단하는 인지 기능은 점차 쇠퇴하였다.

문제는 바로 여기에 있다. 뇌의 인지 기능의 축소는 뇌의 퇴화에 영향을 미쳐 치매 인구 증가를 유발한 게 아닐까? 더군다나 앞으로 기술 발전 추세로 볼 때 24시간 곁에 챗GPT와 벗이 되어 대화를 나눌 수 있고, 주인의 현재 심상까지 헤아려 상황에 맞는 음악을 들려주고 책을 읽어 주기도 하는 AI로봇도 곧 출시될 것이라고 한다.

모든 일에는 긍정적인 면과 부정적인 면이 혼재한다. 기술의 발달로 우리가 편리한 장비를 사용할수록 뇌는 애써서 할 일이 없어져 기능은 더욱 쇠퇴할 것이다. 이렇게 된다면 갈수록 뇌의 인지 기능의 퇴화 속도는 빨라질 것이며 이에 비례하여 치매 인구는 더욱 불어날 것이다. 한편 뇌의 인지 기능을 획기적으로 향상하는 약물이 곧 개발한다고 하니 불행 중 다행이라고나 할까.

그렇다면 현대를 사는 우리는 어떻게 치매를 예방할 수 있을까?

기술이 가져온 엄청난 혜택을 포기할 수는 없다. 주어진 것을 향유하되, 수동적으로 받아들이기보다는 스스로 계획을 세우고, 사고와 판단을 요하는 문제를 해결하는 등 고등 정신 작용을 관장하는 전두엽을 많이 쓰도록 해야 한다. 뇌에 긍정적인 자극을 주고 활성화할 수 있도록 신경세포와 이들의 연결망인 신경 네트워크를 강화할 수 있는 운동이나 취미를 개발하는 것이 좋은 예방책이 될 수 있을 것이다.

뇌 노화를 늦추는 활동에는 어떤 것이 있는지 치매 관련한 책을 읽어 봤다. 기본적으로 책 읽고 글 쓰고 언어를 배우는 지적 활동과 운동하고 산책하는 육체적 활동에 많은 지면을 할애하여 설명하고 있다. 일상에서 간단히 마음만 내면 할 수 있는 활동에 어떤 것이 있는지 들여다보았다.

1. 주문을 직접 한다.

음식점에서 메뉴를 선택할 때 타인에게 맡기지 말고 스스로 고민하고 선택하는 행동을 할수록 뇌가 활성화된다.

2. 식물이나 반려동물을 키운다.

식물이나 반려동물을 키우다 보면 예상하지 못한 일들이 발생하고 그때마다 문제 해결을 위한 수단을 강구하다 보면 뇌의 전두엽을 많이 쓸 수 있다.

3. 그림 그리기나 악기를 배운다.

미술은 대상을 관찰하고 붓질하는 가운데 뇌가 활성화되고 피아노나 색소폰 등을 배우는 것은 손가락을 많이 사용하여 뇌에 새롭고 긍정적인 자극을 주게 된다. 예술가들의 평균 수명이 긴 것도 이와 연관이 있는 듯하다.

4. 자유여행이나 배낭여행을 즐긴다.

단조롭고 반복적인 일상에서 벗어나 새로운 계획을 짜고 여행지에서 신기한 것을 보고 느끼는 것은 전두엽에 긍정적인 자극을 준다.

5. 직접 요리해 본다.

조리 순서를 생각하고 간을 맞추거나 불 세기를 조절하는 활동을 하는 것이 뇌를 자극하고 활성화한다.

이 밖에도 충분한 수면을 취하여 노폐물인 베타아밀로이드를 배출하고, 소식하고, 과음을 자제할 것과 자주 친구와 만나서 대화를 나누는 것 등 많은 예방책이 있었다. 하지만 내 생각에 무엇보다도 중요한 것은 이 두 가지다.

하나는 세상을 긍정적인 관점으로 바라보고 즐겁게 사는 것이다.

지금 나에게 주어진 것을 감사하는 마음으로 수용하고 내가 할 수 있는 능력껏 최선을 다하며 사는 것이다. 아침에 기상하면 오늘 나에게 주어진 하루에 감사하고 만나는 일에 대한 기대와 설렘이 깔려 있다. 이렇게 긍정적으로 사고하고 즐겁게 생활하는 것이야말로 치매가 두렵지 않은 삶이 아닐까?

또 다른 한 가지는 나만의 바람직한 생활 습관을 만드는 것이다.

위에서 말한 여러 가지 치매를 늦추기 위한 활동 중 나에게 적합한 활동 몇 가지를 선택하여 꾸준히 일상에서 실행한다. 반복하다 보면 뇌에서는 별다른 에너지 소모 없이도 자동적으로 그 활동을 하게 되어 에너지 효율성이 높아지게 될 것이다. 이 활동은 나만의 리추얼(Ritual)이 되어 더욱 안정적이고 질적으로 향상된 삶으로 연계될 터이다.

이런 생활이 일상의 삶이 될 때 비로소

나는 진정한 삶의 주인으로서 거듭날 것이다.

문득 오후 교수님과 만나 바둑을 두기로 한 것이 생각났다.

오늘은 또 어떤 새로운 작전을 펼쳐 교수님의 아성을 쳐들어갈까, 설렌다.

주인은 결코 서두르지 않는다

기상하자마자 아침을 먹고 서둘러 도서관으로 발걸음을 옮겼다. 9시가 훌쩍 넘었기 때문이다. 게다가 금요일이라 열람실 외 다른 실은 문을 열지 않기에 빈자리가 없을 수도 있을 터이다. 이런 생각을 하니 더욱 마음이 조급해졌다. 걸음이 빨라진다.

'내면의 나'가 슬며시 한마디 건넨다.

"뭘 그렇게 서둘고 있는가. 자리가 없을까 봐 걱정이 되는구먼. 설사 서둘러 가서 겨우 자리를 차지하게 되었다고 해도 그게 그렇게 기쁠 일은 아니지 않은가?"

이 친구가 무슨 뚱딴지같은 소리를 하나, 하고 생각했다. 그래서 즉시 쏘아 줬다.

"지난번에도 좀 늦게 가서 겨우 한 자리가 남아서 다행이라고 가슴을 쓸어내렸는데 오늘은 그때보다 더 늦을 것 같아. 그래서 걱정이 되는 거라네."

친구는 내 말을 듣고도 조금도 물러서지 않는다.

"가서 자리가 없으면 당장은 좀 불편하겠지만 방법을 찾아 보면 금방 해결이 될 테니 너무 불안해하지 않는 게 좋겠어. 도서관보다는 못하지만 지난번처럼 아파트 독서실을 이용할 수도 있고 말이지.

게다가 설사 자네가 마지막 한 자리를 차지했다고 해도 그리 기뻐할 일은 아닐 수도 있지."

그의 말은 듣고 보니 살짝 수긍이 갔다. 전에도 이런 일이 있었을 때 금방 해결이 되었었다. 그런데 그의 마지막 말은 무슨 얘기인지 이해가 안 갔다. 기뻐할 일이 아니라니? 나의 마음을 읽었는지 친구가 조곤조곤 덧붙여 말한다.

"자네 욕심쟁이 에고의 말을 그대로 믿으면 안 되네. 이렇게 생각을 해 보게. 만약 자네가 마지막 한 자리를 차지했다고 한다면 뒤에 오는 누군가는 그 자리에서 공부를 못 하게 될 테지. 그런데 그 누군가가 중요한 시험을 앞두고 공부하기 위한 다른 마땅한 곳을 찾을 수 없다면, 낭패일 걸세. 안타까운 일이지. 자네 책임은 아니지만 그리 유쾌한 일은 아니지."

친구의 말을 듣고 보니 공감이 갔다. 만약 이런 일이 실제 발생한다면 나는 이 누군가에게 내 자리를 기꺼이 내놓을 생각이 있다. 나보다는 이 누군가가 더욱 자리가 절실하기 때문이다. 문제는 지금 나로서는 미래의 상황을 예측할 수 없다는 데 있다. 그렇다면 나는 어떻게 행동해야 할까? 극단적인 가정이지만 이런 상황을 그려 보았다.

그 누군가는 지금 일 년 동안 준비해 왔던 자격증 시험을 코앞에 두고 있다. 총정리를 하기 위해 오늘 마지막 총력을 기울여 공부해야 한다. 그런데 오늘 나 때문에 공부를 제대로 하지 못해 시험까지 망치게 된다면…….

혹시라도 나의 행동이 이런 상황까지 초래하게 된다면?

그렇다! 나는 자리를 차지하기 위해 애써 땀 흘리며 서두를 필요가 없다. 게다가 살짝 불안함까지 안고 말이다. 나만 생각한다면 늦어서 자리가 없을 때 예상되는 한 줌의 불편함도 생기지 않도록 서두르는 것이 나을지도 모른다. 하지만 그 누군가를 생각한다면 그게 최선은 아닐 성싶다. 있을지도 모르는 가능성에 마음을 활짝 열고 여유롭게 발걸음을 떼는 것이다. 미래는 신만 아는 것, 신에게 모든 걸 남겨 놓고 말이다.

이게 내가 주인으로 사는 수처작주(隨處作主)의 삶이 아니겠는가.

주인은 결코 서두르지 않는다.

내가 평소 즐겨 읊조리는 이 경구를
한 점의 불안도 없이 실행에 옮긴다.
발걸음에 주인의 여유로움이 피어난다.

느긋함의 미학

점심을 먹고 모락산으로 걸음을 옮겼다.

산을 오르는 내내 머릿속을 맴도는 글귀가 있다. 오전에 읽었던 책에서 저자가 던진 한 구절!

> "우리 서로 인사말을 '좋은 하루 보내세요.'나 이와 비슷한 무의미한 표현 대신, '느긋해지세요.'나 '천천히 하세요.'로 해 봅시다."

귀가 번쩍 뜨이는 말이었다.

평소 카톡을 도배하다시피 하는 인사말 '오늘도 즐거운 하루 보내세요.'나 '행복하세요.', '복 많이 받으세요.', '건강하세요.' 등등 상투적인 표현에 비하여 다가오는 느낌이 다르다.

작가는 우리가 속도를 늦추는 데서 오는 인지적 혜택에 대해서 말한다.

> 뭔가가 우리를 막고 생각하게 만드는 멈춤은 실수나 결함, 또는 텅 빈 것이 아니라 생각의 씨앗이다. 인식의 가능성, 그리고 궁금해할 가능성으로 가득 차 있다.
>
> (출처: 에릭 와이너, 《소크라테스 익스프레스》, 김하현 역, 어크로스, 2021)

작가는 《뉴욕타임즈》 베스트셀러 작가이자 생각하는 여행자인 에릭 와이너(Erlc Weiner)다. 그의 책은 술술 잘 읽히고 특유의 유머와 통찰 때문에 내가 좋아하는 작가 중 한 명이다.

느긋함이란 것에 대하여 생각해 본다.

우리는 흔히 "느긋하게 기다려라." 또는 "서두르지 말고 느긋하게 행동해라."와 같이 어떤 행동을 천천히 하는 태도를 가리켜 이 단어를 사용하곤 한다. 그래서 긍정적으로 해석하면 '여유로운 태도'를 지칭하는데 한편으로는 '민첩하지 못하고 늦다'라는 부정적 느낌도 살짝 묻어 있다. 나에게는 이 단어를 볼 때마다 생각나는 친구가 하나 있다. 군대 친구인데 그가 하는 말은 느려서 살짝 지루할 정도이고 행동은 굼떠서 답답할 정도였다. 하지만 그의 말은 유순하고 짜증도 없을뿐더러 행동 또한 나무랄 데 없이 올곧았던 걸로 기억한다. 그 친구는 제대한 후에도 자기 갈 길을 찾아서 잘 살아가고 있다.(얼마 전에도 만났다)

느긋함의 이점을 생각해 봤다.

무엇보다도 한 번 멈춰 여유롭게 생각하게 됨으로써 자율적이고 주체적인 판단을 할 가능성이 높아질 것 같다. 상대방의 의지나 생각, 강요에 즉각적으로 반응하지 않고 스스로 생각할 수 있는 심리적 공간이 있기 때문이다.

다음으로 심적 불안이나 조급함으로 인한 잘못된 판단을 할 가능성이 줄어들고 상대의 말이나 행동을 왜곡하거나 오해할 일도 적어질 것이다. 게다가 열린 마음까지 갖게 된다면 상대의 단점보다는 장점, 부정적인 면보다는 긍정적인 면을 더 많이 볼 수 있게 되어 상대의 실수나 잘못에도 관대하게 아량을 베풀고 포용하게 될 것 같다.

세상에 완벽하고 절대적인 건 없다.

삶을 한 방향으로만 보고 정신없이 달려가는 대신, 여유를 가지고 주위를 둘러보게 된다면 순식간에 지나가는 아름다움이나 친절한 행동을 포착하여 더욱 풍요로운 삶을 살 수 있을 터이다.

여유로움, 느긋함에 대하여 생각하면 할수록 좋은 점이 속속 드러난다.

문제는 실행이다. 비록 팍팍하고 바삐 돌아가는 일상이지만 틈틈이 숨 고르기를 하며 자신을 돌아보는 여유롭고 느긋한 시간과 공간을 의식적으로 만들어 가는 습관이 필요하다.

그러면 생활 속에서 습관화할 수 있는 것이 어떤 게 있을까?

일단 말하고 행동하는 속도를 슬로우 모드로 한 템포 줄이는 것이다. 과거 나의 경험으로 봤을 때 부부 싸움이나 회사 동료와의 사소한 오해로 인한 다툼은 물론이고 윗사람의 훈시적이거나 고압적 말투에 대한 불쑥 치미는 저항감 등 거의 모든 문제의 발단은 상대의 말이나 행동에 즉각적으로 반응함으로써 비롯되었던 것 같다.

가능한 한 상대의 말이나 행동에 즉각 판단하지 않고 한 박자 늦춰 반응하는 것이다. 상대의 말과 행동에 단 3초의 여유 틈새를 허용함으로써 문제가 발생할 확률을 절반 이상 줄일 수 있다면 하지 못할 이유가 없을 터이다. 잠깐의 인내가 더 이성적으로 행동할 확률을 높이게 된다는 최근 연구 결과도 있다. 다행히도 실행하는 데 있어서 젊은 사람은 왕성한 혈기가 장애가 될 수도 있겠지만 나이가 든 나의 경우 몸 감각과 근육 기능의 저하로 늦춰 반응한다는 것은 너무나 자연스러운 일이기도 한다.

진중한 말투와 여유로운 행동에는 어른의 품격이 드러난다. 이런 언행에는 경박한 말이나 과격하고 눈살 찌푸리게 하는 행동 따위는 붙을 공간이 없을 것이다.

행복은 여유와 느긋함의 틈새로 나도 모르게 한 줌씩 들어와 쌓이는 게 아닐까.

조선의 선비가 되다

세상은 끊임없이 유혹의 손길을 뻗친다.

잠에서 깨자마자 핸드폰에 손이 가고 TV에선 더 좋은 물건을 더 싸게 사라고 욕망을 부추긴다. 그뿐인가? 거리로 나가면 확성기로 "이번 선거에는 ○번 후보를 찍어라"라고 고함을 지르고, 사이버 공간에서는 오직 이것만이 진실인 양, 확신에 찬 목소리로 행동을 다그치는 유튜버들이 넘쳐 난다. 이렇게 현대인은 재화나 서비스 소비를 강요받고 타율적인 선택에 내몰리며 스스로 판단하는 이성을 상실하게 되었다.

생각할 여유도 없이 바삐 돌아간다. 사방을 둘러봐도 오직 보이는 것은 수많은 선택지와 각종 소음뿐이다. 한 보고서에 따르면 우리는 르네상스 시대에 살았던 사람이 평생 접하는 정보보다 더 많은 정보에 매일 노출되어 있다고 한다. 현대문명이 주는 이로움은 잘 향유하고 있지만 발달된 기술로 무분별하게 쏟아 내는 정보에 꼼짝없이 노예가 된 나를 본다. 몰라도 사는 데 아무 지장이 없을 듯한 정보들이 나의 이성과 감각을 미비시키는 반면에, 알지 못하면 손해가 될 듯한 정보도 적지 않을 듯하다. 이룰 수 없는 욕망은 눈덩이처럼 불어나고 또 타인을 지나치게 의식하다 보니 갈수록 인간의 자존감은 쪼그라든다.

나에게 불필요한 정보를 걸러 내고 필요한 정보만을 선택하여 취하려 하지만 유혹에서 벗어나기가 쉽지 않다. 그래서인지 나는 가끔 새로운 정보가 제한된 세상에서 한평생을 살았던 옛 어르신을 떠올리며 동경의 눈길을 주기도 한다. 생각해 보면 오늘날은 문명의 혜택으로 어르신들이 겪은 생활의 불편은 거의 해결되었다고 하지만, 지나치게 욕심부리지 않고 절제하는 태도나 주변 이웃과 화합하는 마음 그리고 주어진 것에 자족하고 즐기는 여유가 부러웠다. 그래서 나는 그들의 이러한 마음을 살짝 들여다보고 교감하기 위해 오늘 조선의 선비가 되어 보기로 했다.

지금의 생활 양식을 500~600년 전으로 되돌려 바꿀 수는 없지만 관점을 가능한 한 옛 버전으로 바꿔 보고 싶다. 지금 내 몸의 DNA도 이러한 나의 시도에 갈채를 보낼 것만 같다. 현대의 발달된 기술 문명에 적응한 지 100년도 채 되지 않았으니 옛것을 더 편안하게 생각하지 않을까?

아침 창문 사이로 은은히 스며드는 여명에 잠에서 깨어났다.

알람이 없어도 나의 생체 시계는 어김없이 일어나라고 말을 한다. 아직도 아늑한 잠에 취해 있던 몸에게도 신호를 보낸다. 누운 채로 기지개를 활짝 펴고 발끝을 힘껏 여러 번 들었다가 내린다. 몸속 장기나 혈(血)에게도 이제 더욱 왕성한 활동을 시작할 때라고 알려 준다. 이들은 내가 별도로 신경 쓰지 않더라도 각자 스스로 맡은 바 일을 한 치의 착오도 없이 성실히 수행하는 기특한 친구들이다. 이들의 노고를 생각하며 오늘도 감사하는 마음을 낸다.

자리에서 일어나 텁텁한 입안을 소금물로 몇 차례 가시고 물을 들이켜 밤새 쌓인 몸속 갈증을 시원하게 풀어 준다. 시원한 물로 세수를 하고 옛 어르신처럼 샴푸를 사용하지 않고 머리를 감는다.

다음에 화장실에서 일을 보고 아침 식사를 준비한다. 호밀빵 한 조각에 견과류 한 움큼, 계란프라이, 상치 한두 잎을 얹어서 두유 한 컵으로 간단히 해결한다. 준비하고 먹는 시간이 30분 정도인 소박하면서도 실속 있는 식사를 한다. 하지만 옛 어르신들에게는 이 정도의 아침 식사도 힘들지 않았을까, 생각해 본다.

식사 후에는 얼마 전까지는 아침 신문을 봤었는데 이제는 보지 않는다. 듣고 싶지 않고 보고 싶지 않은 기사를 아침을 시작하는 소중한 시간에 일부러 보고 싶지 않았기 때문이다. 전에는 그나마 스크랩할 만한 기삿거리가 한두 건 정도 눈에 들어왔지만 요즘은 거의 찾아 볼 수가 없다. 나이가 들어 나의 관심이 세상의 것과 다르게 변한 것일까? 하지만 아직도 토요일 신문은 신간 서적 소개 코너만은 나를 설레게 한다. 그래서 지금은 식사 후에 도서관 3층에 있는 시청각실에 가서 신문과 잡지를 보는 것으로 대체하고 있다. 어르신도 이 시간을 무척 감사하며 즐길 것 같다.

현대문명에 대한 일종의 반발심(?)은 도서관에 들어서면서도 이어진다. 열람실이 5층에 있는데 처음엔 건강 차원에서 엘리베이터를 타지 않고 애써 걸어 올라갔는데 이제는 자연스러운 습관이 되었다. 식사나 산책을 위해 외출했다가 들어갈 때면 으레 걸어 올라간다. 그래서 나는 이 코스를 '98고지'(총 98계단이다)라고 이름 붙였다. 이렇게 하루 300~400개의 계단을 걷게 되어서 건강에도 큰 도움을 얻고 있다. 어르신이라면 온종일 걷기도 할 터인데 이 정도의 수고는 아무것도 아닐 터이다.

하루 종일 도서관에서 보고 싶은 책을 읽고 글을 쓰는 시간이 무척 행복하다.

오늘날 발달된 환경으로 하고 싶은 공부나 알고 싶고 보고 싶은 것이 있으면 언제든지 마음을 내어 할 수 있다는 것은 어르신이 맛볼 수 없었던 큰 즐거움일 것이다. 만약 옛 어르신이 현재의 세상을 경험하게 된다면 무엇보다도 문명의 혜택으로 언제든 핸드폰을 열면 새로운 세상을 맛볼 수 있고 원하는 정보를 얻을 수 있다는 것에 눈이 휘둥그레질 줄도 모른다. 앞으로 AI 기술이 더 발달하여 인간처럼 사고하고 행동하는 로봇이 탄생한다면 어떨까? 귀신이 나왔다고 놀라서 졸도할지도 모르겠다.

오늘은 핸드폰을 굳이 보고 싶지 않았다. 옛 어르신처럼 핸드폰 없이 지내는 시간을 체험해 보고 싶었기 때문이다. 아예 폰 전원을 껐다. 그런대로 지낼 만하였다. 생각이 줄어드니 머릿속 소음도 줄어들었다.

한문이나 초서(草書) 읽기 공부를 하며 어르신의 마음을 들여다보았다. 우리 선조들이 아침저녁으로 들여다봤던 글에 그들의 형형한 눈빛과 절제와 여유의 정신이 녹녹하게 녹아 있다고 생각하니 더욱 친근하게 느껴진다.

옛 어르신의 시선과 마음으로 살짝 스쳐 지나가며 오늘 하루를 지내 봤다.

단순하고 소박하지만 머릿속은 한층 조용하고 영혼이 맑아진 것 같다. 어떻게 살아야 하는 것이지 생각해 볼 거리가 된 소중한 체험이었다.

공감한다는 것은

비를 맞고 있는 어느 노숙자에게 다가가 우산을 씌워 주는 장면을 유튜브에서 봤다. 또 얼마 전에는 길가에서 비 맞고 있는 떠돌이 개한테 우산을 받쳐 주는 장면도 봤는데 인상적이었다. 자신은 비를 줄줄 맞으면서 말이다. 보는 순간 마음 한구석에서 짜릿한 전율이 느껴졌다. 상대를 나의 몸처럼 생각하지 않으면 감히 하지 못할 행동이다. 아니 나의 몸보다 상대를 더 보살피는 거룩한 행위일지도 모른다. 참으로 상대의 생각과 처지에 공감하고 연민을 느끼게 됨으로써 자연스레 흘러나온 행위라고 생각한다.

한 가지 유의해야 할 점이 있다면 상대의 입장을 잘 헤아려야 한다는 것이다. 우리는 흔히 대상을 나의 관점에서만 생각하고 쉬이 판단하곤 한다. 으레 '이 사람은 아마 이런 상황일 것이다.'라든지 '저 사람은 이런 도움을 바랄 것이다.'라고 속단하게 된다. 이런 생각은 나의 의도와는 다르게 어쩌면 상대에게 달갑지 않은 마음의 상처를 줄 수도 있다. 조금이라도 염려가 된다면 반드시 상대의 생각을 사전에 확인하는 것이 좋을 듯하다. 이와 유사한 불편한 경험을 내가 몸소 겪어 봤기 때문이다. 몇 해 전 이런 불편한 경험을 기록했던 글을 다시 꺼내어 찬찬히 읽어 본다.

아침에 요즘 다니고 있는 알바 일터 근처 S 공원을 지나치다 보면 거의 매일 40대 후반 정도의 아저씨를 보게 된다. 남루한 옷차림과 행동거지로 봐서 노숙자인 듯 보이는 그 친구는 요즘 쌀쌀한 날씨에도 홑껍데기 티셔츠 하나만 걸치고 공원 벤치에서 따뜻한 햇볕을 쬐고 있었다. 그이를 보는 내 마음도 추웠다. 어깨를 늘어뜨리고 시선은 땅바닥만 주시하고 있는 모습에서 잔잔한 연민의 감정이 일었다. 그 순간 엊그제 일기장에 적었던 예수님의 말씀이 떠올랐다. “너희들 가운데 가장 보잘것없는 이에게 행한 것이 바로 나에게 한 것이다.” 이어서 그 친구의 얼굴 위로 십자가의 예수님 얼굴이 오버랩되었다.

그래! 바로 이 사람이야말로 예수님의 분신일지도 모른다.

이 혼탁한 세상에 우리의 눈앞에 나타나 뭔가 메시지를 전하려고 하는 건지도 몰라. 일단 이 냉기로부터 따뜻하게 보호해 주고 싶었다. 그래서 다음 날 출근 때 이 친구한테 입혀 줄 두꺼운 겨울옷을 가져가기로 했다. 이렇게 결심하자 따뜻한 옷을 입고 좋아하는 친구의 얼굴이 떠올라 퇴근길의 발걸음이 한결 가벼워졌다.

드디어 아침이 환하게 밝았다.

지난밤에 아내와 상의해서 신경을 써서 옷을 선정하였다. 외피가 방수되고 속 안감에는 따뜻한 털이 있는 두텁고 진한 갈색의 겨울옷이었다. 큰 배낭에 잘 개어 넣고 집을 나섰다. 예수의 말씀을 말로만 기억할 게 아니라 실제 행동으로 옮긴다고 생각하니 살짝 흥분되기도 하였다. 공원에 도착하니 벤치 그 자리에서 그 친구가 예전처럼 햇볕을 즐기고 있었다.

난 천천히 그에게 다가서 옆자리에 앉아 슬그머니 말을 걸었다.

"날씨가 많이 쌀쌀해졌어요. 춥지는 않으세요?"

그는 고개를 들고 물끄러미 바라보더니 고개를 가로젓는다. 하지만 나의 손은 어느새 가지고 온 배낭 속 잠바를 꺼내 들었다. 천천히 말을 꺼냈다.

"이거 한번 입어 보세요. 따뜻할 겁니다."

이 말을 듣자마자 이 친구는 "아니, 지금 이대로도 춥지 않아요. 쓸데없는 짓을 하네요."라고 하며 손사래까지 치며 강하게 거절한다. 난 체면치레로 그렇게 한번 말해 보는 것으로 생각하고 다시 한 번 권유를 시도하였으나, 급기야 그 친구는 화를 내며 벌떡 자리에서 일어나 저쪽 어디론가 획 가 버리는 게 아닌가.

나는 전혀 예상치 못한 그 친구의 행동에 당혹스러웠고 한편으로 괘씸한 감정도 살짝 들었다. 이렇게까지 거칠고 무례하게 반응할 줄은 전혀 생각하지 못했기 때문이다. 둔기로 뒤통수를 맞은 느낌이었다. 머리가 띵~ 했다. 뻘쭘한 표정으로 멍하니 자리에서 한참을 얼어붙어 있다가 일어섰다. 목적지도 없이 마냥 걷기 시작했다.

뭐가 잘못됐지? 왜 내 온정을 거절했을까?

꼬리를 물고 이어지는 의문과 함께 한참을 걷다 보니 머릿속 혼란이 좀 진정되는 듯하였다. 그래! 그 친구 나름대로 그렇게 할 만한 이유가 있는 게 틀림없어. 흔쾌히 감사하며 성의를 받아들이지 못하는, 자신만의 말 못 할 사연이 있는 게야. 마음속 깊이 타인에 대한 부정적 트라우마가 있을지도 몰라. 나는 선불리 상대방을 판단하고 싶지 않았다. 또한, 신(神)의 더 큰 뜻이 숨어 있을지도 모른다고 생각하기도 했다.

한편 이런 생각도 들었다. 이 친구는 약 2,300여 년 전 아테네 아크로폴리스에서 커다란 항아리를 집으로 삼고 개처럼 살았던 디오게네스의 화신일지도 몰라. 디오게네스처럼 지금 햇볕을 쬐는 순간을 마음껏 즐기는 중인데 내가 불쑥 나타나 그의 즐거움을 방해했을지도 모르는 일이야.

이렇게 인식의 한계를 인정하고 현실을 군말 없이 받아들이니 어느덧 불편했던 마음도 다시 평온을 찾게 되었다.

지금 다시 그 상황에서 나의 내면을 들여다보았다.

내 선의가 받아들여지지 않는다고 불평할 일이 아니었다. 그 친구의 예상 밖의 반응으로 내가 잠시 흥분하고 멍해진 것은 나에게 문제가 있었던 탓이다.

아마도 이 선행의 배경에는 그 친구를 추위의 고통에서 벗어나게 하겠다는 의도 외에도 좋은 일을 한다는 얄팍한 공명심이나 내가 낫다는 우월감 혹은 자만도 한몫했던 것이 분명하다. 또한, 나는 그의 거절을 한 인간의 자유의지로 존중하지 않고 노숙인의 객기 부림 정도로 속단한 무례를 범했다. 그것은 나의 거룩한(?) 뜻이 그 친구의 거절 한마디에 여지없이 깨져서 나의 알량한 자존심이 상처를 받았다는 사실에서도 여실히 드러났다.

문제의 주원인은 그동안 나의 머릿속을 단단하게 자리 잡고 있었던 편견과 자기중심적 사고였다. 그런데 나는 이 충격의 원인을 머리를 이리저리 굴리며 상대방에서 또는, 신의 뜻에서 찾으려고 했었다.

진정한 공감이란 나의 관점보다도 상대의 입장을 먼저 생각하고 헤아려, 진정 상대가 원하고 좋아하는 것을 베푸는 행위가 되어야 한다는 것을 새삼 깨달았다.

부끄러웠지만 얼굴엔 잔잔한 미소가 피어올랐다.

터널 비전에서 벗어나다

깜깜한 터널을 지나다 보면 터널 앞쪽 끝에 보이는 한 줄기 빛에만 집중하게 된다. 주변에 여러 가지 근거와 정보가 있음에도, 또는 다양한 생각과 전략이 있음에도 오직 하나의 생각에만 갇혀 버리게 된다. 이러한 현상은 생각이 눈앞의 특정 사항에만 꽂히거나 타인의 평가나 에고의 욕심에 생각이 고착되어 객관적이고 종합적인 판단을 하지 못할 때 흔히 일어난다고 한다. 나 역시 이런 터널 비전에 빠져 한동안 심리적 고통을 겪기도 했다.

아련히 떠오르는 기억이 있다.

한창 혈기 왕성한 젊은 시절, 직장 생활의 성공이 삶의 의미라고 생각했던 때였다. 기대했던 승진이 마음대로 되지 않았다. 동료들에 대한 시기와 부러움은 단순한 질투를 넘어서 부정적 감정의 쓰나미로 이어졌다. 이런 마음의 상처는 몸의 건강에도 심각한 영향을 미쳤다. 그때의 불편했던 심정을 지금 다시 돌아본다.

나는 승진에 누락된 사실을 있는 그대로 받아들일 수 없었다. 승진에 성공한 동료들의 업무 능력에 대해서도 내가 볼 때는 변변치 않은 듯했다. 업무 능력 외에 승진에 필요한 능력인 적극성이나 사교성 등 자신의 결점에 대해서는 들여다보거나 수용하기를 거부했다.

나는 이렇게 터널 같은 좁은 시야에 갇혀 문제의 본질을 객관적으로 보지 못했다. 지금 그 상황을 어떻게 받아들이고 어떤 관점으로 이해하고 판단해야 하는지 다시 생각해 본다.

먼저, 현실로 드러난 상황을 솔직히 인정하고 받아들이는 것이다. 부정하거나 저항하지 말고 직시하면서 있는 그대로 수용하는 것이다. 현실을 이기는 사람은 없다. 부정적 감정을 쿨하게 떨쳐 내어 현재를 견뎌 낼 뿐이다. 승진이 전부인 양 목매달고 있던 나를 돌아보니 연민이 불끈 솟는다. 세상일에 대처하는 방법에서 플랜 A가 작동이 안 되면 플랜 B로 대처하면 될 것이요, 정 한 번 더 도전하고 싶으면 나의 부족한 부분을 보완하여 재도전하면 되는 것이다.

두 번째, 나의 제한된 정보 탓으로 상대에 대하여 너무나 모르고 있었다는 것을 자각하는 것이다. 내가 현재 알고 있는 것이 전부가 아니라는 사실을 깨달아야 했다. 승진에 성공한 그들은 아마도 나보다 훨씬 큰 시련을 견디며 노력했을지도 모른다. 마치 평화롭게 보이는 호숫가의 오리도 수면 아래에선 수많은 물장구질을 하는 것처럼 말이다. 나는 그들만의 고통과 슬픔에 대해서는 전혀 알지도, 알려고도 하지 않았다.

세 번째, 삶에 있어서 그들이 원했으나 갖지 못했던 것을 나는 가지고 있는 것들도 적지 않다는 자각이다. 나의 순수성, 예술에 대한 감수성, 책을 좋아하고 글을 쓰는 능력, 따뜻하고 양심적인 마음 등등은 무엇보다도 소중하고 가치 있는 나만의 자산이다. 이런 내면의 자산이야말로 승진보다도 훨씬 훌륭한 보배일 터이다.

이렇게 상황을 보는 관점을 달리하다 보니 당시에 나를 괴롭혔던 응어리들이 술술 풀리는 듯하다. 당장 눈앞의 상황에만 매몰되지 않고 좀 더 여유를 가지고 객관적으로, 종합적인 시선을 견지할 때 해결 못 할 심각한 문제는 없다.

한판의 바둑에서도 이와 유사한 상황이 벌어지곤 한다.

당장 처한 상황만 쳐다보면 일시적 감정에 휩쓸려 보이지 않던 수가 좀 더 여유를 가지고 넓은 관점에서 판세를 읽게 되었을 때 확연하게 보여 위기를 극복했던 경험은 한두 번이 아니었다. 그뿐인가? 초반에 포석이나 전투에서 실패했다면 내가 가진 강점인 중반 수읽기나 끝내기에서 만회하면 되는 것이었다. 세상에 실수하지 않는 완벽한 사람은 없다. 주어진 여건에서 플랜 A가 실패하면 플랜 B로 차선을 선택하면서 최선을 다할 뿐이다.

과거의 터널 비전을 이렇게 지혜롭게 벗어나는 지금의 내가 자랑스럽다.

여름의 문턱에서

유월 첫 자락
하늘을 올려다본다

나뭇가지 사이로
구름 한 조각
가다 말고 걸려 있네

며칠 전
부여에서 본 잠자리는
언제나 도착하려나

하늘 한 번 보고
또 한 번 보아도

구름은 여전히
갇혀서 꼼짝 못 하고

잠자리도

구름처럼

오는 길이 막혔나 보다

다정한 일상

또 하나의 깨달음 한 조각을 얻었다.

어제 복지관에서 교수님과 바둑을 두고 간단히 식사를 함께하며 담소를 나눴다. 얘기 도중 나도 모르게 이것저것 나의 마음 한구석을 늘 차지하던 응어리 하나가 불거져 나왔다. 살다 보면 누구에게나 한두 개 정도는 있을 일상의 사소한 것이었다. 그동안 친구와 만나 얘기할 때나 글을 쓰면서도 나에게는 이런 사소하고 하찮은 불만은 붙어 있을 여지가 없는 듯이 말하고 행동해 오지 않았던가? 그런데 하필 이 자리에서 터져 나왔다.

아마도 교수님과 자유롭게 격식 없이 대화를 나누는 자리가 편하다 보니 그동안 나의 에고를 방어하던 가드를 내리고 치부까지 노출시키지 않았나, 생각해 본다.

교수님은 이런 나를 지긋이 바라보시더니 한 말씀 던지신다.

"그 정도면 참을 만하네. 다행스러운 일이야. 자네보다 훨씬 더 심각한 경우도 난 많이 보았지. 불만은 그 정도로 잘 알겠고 감사하게 생각하는 것도 있으면 말해 봐요."

나는 평소 감사하게 생각하고 있는 몇몇 가지를 주섬주섬 들먹였다. 곰곰 생각해 보니 예상했던 것보다 제법 많이 나왔다. 말하다 보니 나 정도면 행복한 편에 들어갈지도 모른다는 생각이 들었다. 그런데 교수님은 나의 말을 다 들으시더니 아직도 한참 부족한 듯한 표정을 지으시는 게 아닌가?

식당을 나와서 교수님의 숨겨진 비장의 말씀을 듣기 위해 장소를 카페로 바꿔 얘기를 이어 갔다. 교수님은 조용하면서도 진지한 표정으로 말씀하신다.

우리가 당연한 듯 여기고 있는 것들, 이른바 먹고, 걷고, 보고, 자고, 배설하는 행위뿐 아니라 심지어는 호흡하는 것도 저절로 이루어지는 건 없다. 이 모든 게 나 이외 타자의 도움이 있어야 가능한 일이다. 일상의 하찮은 일 하나하나도 감사하지 않은 게 없다. 그러니 이렇게 멀쩡히 존재하는 것만으로도 감사해야 한다는 요지였다.

주위에서 나보다 더 클 듯한 고통을 느끼고 있는 사람들의 사례를 들어 가면서 지금, 여기에서의 현존하는 삶에 감사해야 하는 이유를 조곤조곤 말씀해 주신다.

무릎을 치게 하는 깨달음이었다.

그동안 책을 통해 수없이 듣고 배운 지식도 생활에서 실행으로 이어지지 않으면 무용지물이었다. 이런 지식은 죽은 지식과 진배없다. 머릿속에서만 맴도는 앎은 공허한 것이다. 스스로 성찰의 날을 세우고 살아간다고 자부하던 나의 머리를 쇠망치로 후려 맞은 듯한 충격이었다.

눈을 감고 크게 한 번 심호흡했다.

마음속 깊은 곳에서 감사의 파도가 밀려오고 또 밀려왔다.

문득 오늘 이른 아침에 도서관에 오다가 아파트 엘리베이터 안에서의 광경이 떠오른다.

엘리베이터 안에서 처음 보는 청년을 보게 되었다. 청년과 눈이 마주쳤다. 나도 모르게 웃으며 인사했다. 마주 보던 청년도 함께 정다운 미소를 띤다. 기분이 좋다. 이런 기분 좋은 아침을 나는 최근에 몇 번이나 경험해 봤던가, 생각해 봤다.

아마도 이런 기분 좋은 아침은 어제 교수님의 말씀 덕분이 아니었을까?

작은 행복

오늘도 작은 행복 조각들 몇 개가 나에게 다가왔다.

블루베리 23알
견과류 반 움큼
달걀 한 개
통밀빵 한 조각
두유 한 컵

나의 아침 식사를 이루는 주재료다.
이 각각의 재료들의 가격을 따져 보니 공교롭게도 모두 300~400원 정도였다.
이 저렴한 가격의 재료들이 모여 아침을 이렇게 풍요롭게 하다니!
감사하지 않을 수 없다.

감사할 일이 이뿐인가?
대가도 없이 그저 주어지는 것들도 엄청나게 많다.
신선한 공기나 따뜻한 햇볕, 신록의 자연은 물론이고 동네 지인들의 미소와 아이들의 천진난만한 웃음, 한여름에 듣는 매미의 우렁찬 울음소리. 버스 기사님의 친절, 그리고 유튜버의 열정적 강의… 등등 일일이 셀 수가 없다.

나를 행복하게 하는 이런 무형의 혜택은 가격으로 따질 수도 없다.

유형의 것보다 수백 배, 아니 수만 배의 가치가 될지도 모른다. 하지만 우리는 평소 당연한 듯 무심코 받아들인다. 다행히도 가끔은 이런 혜택의 부재를 느낄 때가 되어서야 비로소 정신을 차리고 이 보잘것없는 듯한 것이 범상치 않은 축복임을 깨닫게 되기도 한다.

일상의 매 순간이 축복임을 자각하는 삶은 왜 이렇게 힘든 것일까? 스스로 깨닫고 실행에 옮길 때 비로소 우리는 행복하게 될 터인데 말이다.

결국 진정 행복을 지향한다면 섣부른 기대나 보상을 바라지 않고 기꺼이 하면서 일상에서 주어지는 작은 것에서도 감사를 발견하는 삶일 듯싶다.

오늘 낮 정원에서 휙 지나가는 잠자리를 본 순간의 짜릿한 희열을 친구 몇 명에게 카톡 메시지로 보냈다.

반가운 소식 전합니다.

오늘 도서관 옥상 정원에서 잠자리 친구를 상봉했어요.

부여에서 본 지 26일 만에 늦장 부려 이제야 상경했네요.

곧이어 이 친구들을 떼 지어 만날 걸 생각하니 벌써 가슴이 설렙니다.

또 매미 녀석은 얼마나 더 기다려야 될지…….

보낸 지 얼마 안 되어 한 친구에게서 공감이 물씬 묻어나는 답장이 왔다.

와! 벌써 성숙한 잠자리가 예쁜 몸으로 유희를 했군요.

나는 4월 말 즈음 속리산 세조길 걷다가 반갑게 만났는데 막 탈피한 어린 날개로 날기도 어려워 발밑에 떨어지고 말았어요. 그 아이를 살포시 손으로 집어서 다시 사람들 발길 안 닿는 곳에 가져다 놓았지요. 얼른 자라서 짱짱해진 날개로 맘껏 날아다니길 바라면서.

작년에 우리 집 창가를 방문했던 그 매미 녀석은 올해도 또 찾아와 줄까요?

초여름 잠자리를 본 설렘을

친구와 교감한 순간들로

오늘 진정 행복했다.

2장 내면의 울림

혼자 가는 연습

가끔 이럴 때가 있다.

특별한 이유도 없이 상대에 관한 관심이 시들해지고 상대의 좋았던 말이나 행동을 봐도 시큰둥하다. 삶의 활력도 한풀 꺾인 듯하다. 이럴 때는 어떻게 해야 할까?

혼자 있는 시간을 가져 보는 게 어떨까 싶다.

상대와 잠시 떨어져서 일상의 덫에 빠져 무감각해진 자신을 다시 돌아볼 틈을 만드는 것이다. 며칠이나마 홀로 가까운 고궁이나 박물관을 둘러본다든지, 도서관에 가서 읽고 싶었던 책을 읽어 본다든지, 듣고 싶었던 음악을 감상하며 느긋하게 혼자만의 시간을 보내며 자신의 내면을 들여다보는 것이다.

얼마 전 나는 이렇게 하여 효과를 보았다.

반복된 일상으로 삶의 동력이 떨어진 어느 날이었다. 우리 부부는 평소 아침 6시쯤 집을 나와 이웃 숲속마을 동네 황톳길을 맨발로 한 시간 걷는 게 일상의 루틴이었는데, 그날은 혼자 걷게 되었다. 전날 아내와 함께 아이를 돌보려고 수원에 사는 큰아들네 갔다가 일찍 홀로 집에 돌아왔기 때문이다. 왠지 혼자만의 시간을 갖고 싶어서.

평소와 같이 일찍 기상하여 빠른 걸음으로 숲길을 따라 걸었다.

호젓이 걷다 보니 아내와 함께 걸을 때와는 사뭇 느낌이 다르다. 동반자가 없어서인가, 살짝 허전했지만 한편으로 옆을 의식하지 않게 되어 자유로워진 듯하였다.

이윽고 숲 공원을 지나가게 되었다. 공원 한가운데 제법 큰 호수가 있는데 평소 아내와 함께 걸을 땐 호수 옆길로 빠르게 지나쳐 갔는데, 그날은 왠지 그러고 싶지 않았다.

발걸음은 가던 길에서 벗어나 한 번도 가지 않던 호젓한 호숫가 오솔길로 향하고 있었다. 좀 가다 보니 조그마한 벤치가 눈에 띄었다. 앉아서 호수를 바라보고 싶었다. 벤치에 앉아 물끄러미 수면 위를 바라보았다. 잔잔한 수면이 투명한 햇살에 반사되어 반짝이고 있었다. 가만히 들여다보았다. 물 위를 톡톡 튀어 솟아오르는 구슬 한 알 한 알이 보석처럼 영롱하게 빛난다. 아름다웠다. 볼수록 황홀하고 신비스럽다. 정신 줄을 놓고 멍하니 한참 봤다. 문득 이런 생각이 들었다.

이 아름다운 순간이 매일 아침 연출되지만 여태 모른 채 지나갔구나! 눈 뜬 맹인으로 살아왔어. 앞으로 이런 경이로운 순간을 얼마나 더 즐길 수 있을까? 그동안 살아오면서 허투루 보낸 많은 시간은 가뭇 온데간데없고 이제 자투리 몇 조각만 남았네!

주머니 핸드폰을 꺼내 들었다.

이 순간의 느낌을 오래 간직하고 싶었다. 호수 위 반짝이는 윤슬과 호숫가 주변 경치를 폰에 담고 카톡을 열었다. 아내에게 뭔가를 쓰고 싶었다. 그때 남긴 글을 지금 천천히 음미해 본다.

둘이서 걷던 숲속 길을 오늘은 혼자서 걷고 있네. 호숫가를 지나다 잠시 벤치에 앉아 햇살에 반짝이는 수면을 바라보며 상념에 젖었다네. 10년 후가 될지, 아니면 20~30년 먼 훗날이 될지 모르지만, 손에 지팡이를 들고 얼굴에는 돋보기 안경을 걸친 몸으로 홀로 호숫가 벤치에 앉아 물끄러미 호수를 바라보는 당신을 떠올렸다네. 갑자기 이런 생뚱맞은 상상을 하다니, 내가 나이가 들긴 들었나 보네. 갈 날이 가까이 온 건가……. ㅋㅋ

우리는 반복되는 일상에서 눈앞의 별난 것에 정신을 팔다 보면 평범하고 소소한 것들은 지나치고 만다. 평소 지나쳐서 보지 못했던 소중한 순간들을 의식적으로 포착하기 위해서 잠시 루틴의 쳇바퀴에서 벗어나야 한다. 멀찌감치 객관적으로 자신을 돌아봤을 때 비로소 드러나지 않던 평범한 일상들이 눈에 들어오고 이 하찮은 알갱이들이 소중한 것이었다는 걸 인식할 수 있을 터이다. 이것이 일상에서도 틈틈이 혼자가 되어야 하는 이유이다.

이렇게 하지 않으면 우리는 훗날 의도치 않게 혼자가 되었을 때야 비로소 알게 될 것이다. 상대와 함께한 그때의 소소한 일상이 바로 행복이었음을. 모든 게 끝나고 사라져 버린 다음 깨닫게 된다면 얼마나 허탈할까.

나는 일상에 안주하지 않고 의도적으로 혼자 가는 길을 미리 연습하고 싶다.

틈틈이 삼자의 눈으로 나를 들여다보며 평범한 일상 속 자투리 행복을 순간순간 만끽하고 즐기다 보면 언젠가는 혼자가 될 것이다. 그때가 오더라도 당황하지 않고 의연하게 가던 길을 가다가 저승사자가 가자고 하면 한 줌의 미련도 없이 망설이지 않고 가겠다.

문득 루게릭병을 앓다 결국 손가락 두 개로 수행을 하였던 사람의 얘기가 떠오른다. 그는 죽기 전 한 시간 모든 신경을 끄고 몸이 오그라들지도 않고 모든 근육이 풀어진 상태에서 사망했다고 한다. 게다가 내장과 몸을 루게릭병 연구에 기증하겠다는 유언과 함께.

거룩한 죽음이다.

누군가 말했듯이 태어나는 과정은 옷을 입는 것이요, 죽음이란 옷을 벗는 행위 같은, 누구나 거쳐야 할 통과의례일 터이니 나 역시 이런 죽음을 맞이하고 싶다. 옷을 훌훌 벗어 버리듯 가볍게.

뭘 망설이고 주저하겠는가? 내가 원을 세운다면 뭔들 못 하겠는가.

불교 경전 《숫타니파타》에 나오는 한 글귀가 생각난다.

홀로 행하고 게으르지 말며,
비난과 칭찬에도 흔들리지 말라.
소리에 놀라지 않는 사자처럼,
그물에 걸리지 않는 바람처럼,

진흙에 더럽혀지지 않는 연꽃처럼,
무소의 뿔처럼 혼자서 가라.

상념에서 깨어나 가던 길을 갔다.

황톳길에 들어서니 이미 많은 사람이 맨발로 사뿐사뿐 즐겁게 걸음을 옮기고 있었다.

나 역시 신발을 벗고 그들과 동참하여 걷는다.

둘이서 걷던 이 길을 혼자서 걷는다.

무소의 뿔처럼 당당하게 나의 길을 간다.

오늘은 어제와 달랐다

엘리베이터 안에서의 일이다.

엘리베이터를 타면 저절로 문이 닫히기를 기다리지 않고 으레 닫힘 버튼을 누르곤 했다. 타인과 함께 탈 때도 모두 승차했음이 확인되면 순간적으로 내 손은 그 버튼을 향했다. 그랬던 것이 어제 혼자서 엘리베이터를 타게 되었을 때는 예전과 달랐다. 핸드폰을 보고 있지도 않았는데 느긋하게 문이 저절로 닫히기만을 기다리는 나를 봤다. 엘리베이터 층수가 표시된 모니터를 보지도 않고 조급함도 없이 여유롭기만 하였다.

웬일일까? 신기했다.

요 며칠 나에게 별다른 변화도 없었는데 말이다. 연유를 생각하다 보니 한 가닥 실마리가 잡혔다. 혹시 전날 도서관에서 읽었던 책 속 이야기 때문이었을까?

이야기 속 빵집 주인은 아침에 아들의 생일 케이크를 주문한 부부가 이틀이 지나도 케이크를 찾아가지 않자, 그 집의 아들이 사고로 죽은 줄도 모르고, 빨리 찾아가라고 전화를 해 댄다. 결국 부부는 화가 나 빵집에 찾아와 빵집 주인에게 화풀이를 하게 되고 빵집 주인은 자신이 무심코 한 말로 그 부부의 마음에 상처를 주게 된 것을 알고 망연자실하였다는 이야기다.

나는 이 이야기를 접하고 한참 충격으로 멍했다.

무엇보다도 나의 가슴에 연민을 불러일으킨 것은 빵 장수의 모르고 했던 행동이었다. 나 역시도 예외가 아닐 성싶다. 혹시 그동안 내가 의식하지 못하고 무심코 한 말이나 행동으로 다른 누군가가 실망하고 상처받고 화가 나지나 않았을까, 상상해 본다.

내가 한 말이나 행동 하나하나에 더욱 관심 있게 들여다보게 된다. 늘 함께하는 가족과 만나는 친구들, 그리고 스치는 이웃과 저녁 무렵 들르는 동네 가게에서 눈 마주치는 종업원들, 더 나아가 길을 걸을 때 발밑에서 꿈틀거리는 개미나 지렁이, 산책길 숲 섶의 작은 벌레들, 나무줄기에서 여름 한 철 울어 대는 매미, 그리고 산책하는 말티즈 강아지. 그들 모두 나처럼 세상에서 잘 살려고 고군분투하는 존재들이다. 이 지구별에서 동시대에 함께 살아가는 동반자로서 그들의 삶에 도움은 줄 수 없다손 하더라도 적어도 방해나 짐이 되지는 말아야 하겠다.

그리고 그동안 알든 모르든, 얼마나 많은 선의의 사람들로부터 크고 작은 도움을 받아 왔던가? 잠시 눈을 감고 지난날을 회상해 본다. 캐면 캘수록 감자 알뿌리 나오듯 끝이 없다. 생각나는 대로 적다 보면 노트 한 권은 다 채울 듯하다. 세상의 일은 내가 원한 것보다는 원하지 않았던 일이 더 많았지만, 그때마다 작은 선의를 가진 주위 사람들 덕분에 그럭저럭 버틸 수 있었던 게 아닐까.

내가 보고 듣고 느낄 수 있었던 부분은 극히 일부분에 불과하다. 나만의 좁은 시야로, 편협한 생각으로 세상을 함부로 보고 판단하고 결정하지 말자. 그리고 이제 작은 도움이지만 할 수 있는 한, 내 능력껏 나누고 싶다. 마치 빵 장수가 그랬듯이 말이다.

엘리베이터 안에서의 작은 여유로움이 성급한 닫힘 버튼 때문에 엘리베이터를 타지 못할 수도 있는 또 한 사람의 고충을 들 수 있다면 나는 기꺼이 그렇게 하기로 한 것이다.

이런 나를 엄지손가락으로 추켜세우는 또 하나의 나를 본다.

영혼의 교감

얼마 전 수원 큰아들네 갔을 때 일이다.

눈을 떴다. 시계를 보니 5:33am이었다.

화장실에 다녀와 잠자리에서 스트레칭을 했다. 몇 가지 동작을 하고 있으려니 옆방에서 칭얼거리는 소리가 들리는 듯했다. 즉시 다가서 들여다보니 아이가 선잠에서 깬 건지 아니면 무서운 꿈을 꾸었는지 나지막이 울고 있었다.

나는 아이 곁에 비스듬히 누워 가슴을 토닥여 준다. 아이는 어느새 울음을 그치고 다시 꿈속으로 들어간다. 계속 토닥이고 있으려니 아이가 웅크리고 자던 자세를 갑자기 바꿔 나의 허벅지 위 편평한 부위로 머리를 옮긴다. 재우고 바로 일어나려고 했었는데 한동안 아이와 함께 있기로 마음을 바꿨다. 상체를 바로 잡고 편안한 자세를 취하니 나의 투박한 손은 부드러워지고 토닥이는 리듬은 아다지오로 차분해진다. 슈만의 〈안단테 칸타빌레〉가 떠올랐다. 아이에 대한 지극한 사랑이 흠뻑 배어 있는 한 편의 시나 노래가 이렇게 탄생하는구나!

문득 어릴 적 기억이 되살아났다.

거칠고 건조한 땅에 여기저기 균열이 생기고 기억 한 가닥이 고개를 내민다.

초등학교 입학을 앞둔 겨울 어느 날 밤이었다. 나는 잠자다 소변이 마려워 어렴풋이 깼다. 살포시 눈을 뜨고 보니 방에는 온통 학생복으로 가득 차 있었다. 아직도 그때의 장면이 아련하게 하지만 선명하게 떠오른다.

그 당시 우리 집은 시골에서 학생복을 만들고 있었다. 매년 입학철만 되면 한바탕 전쟁을 치른다. 신학기 때 새로 입학하는 중고생들의 교복을 만들어야 하기 때문이다. 엄마는 방 윗목에서 당신의 무르팍에 학생복을 올려놓고 실과 바늘로 단춧구멍 주위를 실로 감치는 작업을 하고 계셨다. 식구들은 다 자고 있는데 엄마 혼자서 쏟아지는 잠으로 연신 고개를 떨구고 계셨다. 교복을 옆에 산더미처럼 쌓아 놓은 채, 언제 끝날지도 모르는 일과 하염없이 씨름하며.

속으로 자장가를 부르며 아이 가슴을 토닥이는 순간에 왜 이런 기억이 떠오른 것일까? 이해가 안 된다. 잠자는 아이의 얼굴을 가만히 들여다본다. 평온하고 고요한 순간이다. 숨 쉴 때마다 가슴이 오르락내리락한다. 아이들이 잠잘 때 복식 호흡을 하는 걸 처음 알았다.

다시 아이 얼굴을 찬찬히 본다. 볼록 솟아오른 이마 양쪽에 검은 눈썹이 우뚝 솟은 두 산봉우리처럼 펼쳐 있다. 영락없이 나와 판박이다. 나와 DNA가 많이 닮았다고 하지만 이 눈썹은 완전 100%다. 신기하다. 지아비도 어미도 아닌, 할아비의 눈썹을 말이다. 이게 격세유전이라는 건가. 너무나 사랑스럽다.

문득 이런 생각이 들었다.

몸은 이렇게 할아비와 손녀로 태어났지만, 두 영혼은 이미 여러 차례 인연으로 교감해 온 건 아닐까? 지금, 이 순간도 이 아이의 수호천사와 나의 수호천사는 곁에서 서로 바라보며 미소 짓고 있는 건 아닐는지.

이런저런 상념에 젖어 있으려니 아이가 스스로 몸을 뒤척이더니 머리를 본래의 자리인 베개 위로 옮겨 눕힌다. 그리고 이제는 할아비가 자신에게 신경 쓰지 않고 편하게 주무셔도 된다는 듯 숨결이 더욱 부드러워지고 편안한 표정을 짓는다.

굳이 눈을 뜨지 않고도 가고 싶은 자리로 정확히 찾아가고, 때가 되었다고 생각되면 할아비를 생각하여 스스로 자리를 옮겨 주는 아이가 신통방통하기만 하다.

나는 아이를 통해 순수하고 아름다운 영혼을 보았다.

우리는 모두 신의 속성인 사랑으로 태어나 하나로 연결된 존재가 아닐까.

제행무상(諸行無常)

황당한 일이 있었다.

이른 저녁 시간이었다. 갑자기 무슨 바람이 불었는지, 비로 인해 아침에 하지 못한 맨발 걷기를 꼭 하고 싶었다. 아내, 아들과 함께 차를 가지고 가서 공영주차장에 주차하고 맨발 걷기를 했다. 비가 부슬부슬 내려서 황톳길이 곳곳에 질퍽거렸다. 평소에는 세 번을 왕복하며 약 한 시간 동안 대지와 아름다운 교감을 만끽했지만, 이날은 두 번만 대충 걷고 철수했다.

집으로 오면서 가까운 음식점에 들러 저녁을 먹기로 했다. 음식점 앞 좁은 길목에는 이미 주차한 차들로 빼곡했다. 때마침 나가는 차가 있어 그곳에 공간이 확보되어 주차를 시도했다. 가까스로 주차를 마무리하는 시점이었다. 전진 기어를 넣고 조금 앞쪽으로 이동한다는 것이 나도 모르게 액셀러레이터를 밟고 말았다.

아찔했다. '쿵!' 하는 소리와 함께 앞 차에서는 사이렌이 크게 울렸다. 나의 부주의로 앞 차의 뒤쪽 범퍼에 추돌한 것이다. 나는 갑자기 낭한 일이라 멍했다. 최근 몇 년 동안 무사고에 긍지를 느꼈던 내가 아니었던가.

곰곰 사고의 원인을 생각해 봤다.

이제 내 몸도 내가 제대로 통제를 못 하는구나! 나이가 드니 몸의 감각 기능이 눈에 띄게 퇴화하는 것을 절실히 느낄 수 있었다. 하지만 이런 나를 스스로 불평하거나 탓하고 싶진 않다. 나는 행복하기로 선택했고 행복해지는 길은 불행한 일을 겪지 않는 게 아니라 어떤 일을 겪든 긍정적으로 받아들이며 자신을 존중하고 사랑하는 것이기 때문이다. 이렇게 생각하기로 했다.

영원한 것은 없구나! 달도 차면 기울듯 때가 되면 변하는 게 바로 자연의 순리가 아닌가. 바로 제행무상(諸行無常)의 원리인 것이다. 내가 끝없이 변하고 있음을 자각하며 현실에 저항하지 않고 있는 그대로 받아들이고 싶다. 이번 사건의 의미가 뭘까? 신이 나에게 주는 일종의 경고 메시지가 아닐까? 갈수록 떨어지는 몸의 기능에 관심 가지고 돌보라는 메시지요, 지금은 작은 사고로 그치지만 그대로 방치한다면 더욱 큰 사건으로 이어질 수도 있다는 경고일 줄도 모른다.

나의 뇌는 이번 일을 그냥 지나가는 해프닝으로 생각하지 않고 의미를 부여하고 있었다. 또한 이번 사건은 나에게 온전한 죽음을 맞기 위해 어떻게 살아야 하는가, 숙고해 보게 하였다. 죽음도 이 사건처럼 부지불식간에 닥칠 터인데 이번처럼 그냥 망연자실하며 맞이할 것인가?

미리 준비해야 할 것이다.

삶의 주인으로서 언제 어디에서 맞이하든 당황하지 않고, 누구도 원망하지도 않고, 내가 가야 할 길이라면 당당하게 받아들여야 할 것이다.

그러기 위해서는 지금, 현재의 삶이 온전하며 행복해야 한다. 현재의 삶이 만족하면 언제 죽음이 닥치더라도 문제가 없을 터이니 말이다.

나는 즉시 두 가지 결심을 했다.

틈틈이 하는 운동의 강도를 더욱 높여서 몸의 기능이 떨어지는 것을 최대한 늦추는 것과 가능한 한 웬만한 곳은 운전하지 않고 걷기로 하였다.

앞으로 얼마나 더 살지는 모르지만 건강하게 살면서
주위 사람들에게 수고 끼치지 않고 홀가분하게 떠나고 싶다.

모두가 방편인걸

집을 짓는 사람은 열심히 자재를 나르고
우는 아이 달래고 회사 간 사람은 일에 전념하고
거실의 주부는 설거지에 여념이 없네

어느 산속 법당에선
두견새 노래에도 아랑곳없이
스님은 독경에 몰입하고 있을 테지

저마다 지금 그 자리에서 본분을 다하고 있네
그 누가 세상이 잘못되었다고 하는가
있는 그대로, 한 치의 오차도 없이
산은 산이요, 물은 물인데

아니, 산이 산이 아니라 이름이 산일 뿐이요
물은 물이 아니라 이름이 물일 뿐이네
온 세상은 방편으로 가득 차 있네

이름이라는 분별에 집착하는 세상도
있는 그대로를 여여하게
깨닫게 하는 방편일 뿐,

말 많고 문제 많은 세상이야말로
모든 언어와 분별 너머
둘이 아닌 것을 알기 위한 완벽한 장이었네

이제야 알았네
저 연꽃이 그토록 아름다운 건
진흙 속 번뇌를 먹고 피었기 때문이라는 걸

자유로운 영혼

점심을 먹고 모락산을 산책했다.

오전에 두꺼운 영성 관련 책을 읽고 깊은 공감과 감동으로 살짝 상기된 상태였다. 산을 오르는 내내 책 속의 글귀가 머릿속을 맴돈다. 한 걸음 한 걸음 내딛는 걸음과 함께 내 영혼도 진지하게 화답한다.

깊은 산속 암자에서 도를 깨우치고 하산하는 스님처럼 내려가는 발걸음이 가볍기만 하다. 한바탕 바람이 스치고 지나가자 나무 잎새들이 우수수 떨어진다. 춤추듯 아름답게 떨어지는 낙엽을 넋 없이 쳐다본다. 나 역시 속세의 번뇌로부터 초연한 자유로운 영혼이 된 듯하다.

홍신자 씨의 인상 깊은 글귀가 떠오른다. 그는 춤추는 순간을 이렇게 아름답게 그렸다.

> 춤을 추는 순간 나는 사라진다. 춤은 보이지만 춤추는 자는 사라지는 것이다. (중략) 관객을 의식해서도, 나를 의식해서도 안 된다. 오직 순수한 에너지의 흐름만이 몸에 실려 저 영원의 율동으로 남게 해야 한다. 그것이 곧 무아의 상태다. 무아는 인간이 경험할 수 있는 가장 큰 자유다. (중

략) 시간과 공간을 초월한 이런 순간이야말로 바로 신의 순간이 아닌가.

(출처: 홍신자, 《생의 마지막 날까지》, 다산책방, 2023)

한참을 내려오다 보니 옆에 흙먼지 떨이기가 보였다. 반사적으로 발걸음은 그쪽으로 향하고 있었지만, 순간 고삐를 당겼다. 가고 싶지 않았다. 자문했다.

"내가 무얼 털려고 하는가? 털 것이 없는데. 낙엽을 밟으면서 바지에 붙은 부스러기나 작은 벌레를 떼기 위함인가?"

그렇다면 더더욱 털고 싶지 않았다.

산을 오르내리면서 낙엽과 함께한 순간과 오랫동안 함께하고 싶었기 때문이다. 온몸을 감싸는 신선한 감각, 그윽한 나무 향과 더불어.

그뿐인가?

지금 내 겉옷에 딱 달라붙은 이 작은 생명체와도 함께하고 싶기만 하다. 설사 얘들이 나를 끔찍이 사랑하여 나의 피를 갖고자 한들 두렵지 않다. 기꺼이 응할 듯하다. 이들과 나는 똑같이 우주의 근원과 연결된 우주의 자식이니 형제와 다름없지 않은가.

아침에 읽었던 책 속의 글귀가 떠오른다.

많은 사람이 성스러운 건물들보다 자연에서 더 신성을 의식한다. 성스러운 건물들은 특정 목적에 부합하도록 만들어졌지만, 자연은 그 자체로 목적이 없고 인위적이지 않고 꾸밈이 없으며 인습에 얽매이지 않은 진실한 기도이기 때문이다.

(출처: 디르크 그로서, 《삶과 사랑에 빠진 아이처럼》, 추미란 역, 샨티, 2023)

나이가 들고 마음공부를 할수록 산책하면서 자연을 보는 관점이 달라짐을 체감하게 된다. 오솔길 옆 들꽃, 지천에 피어 있는 야생화, 하늘 향해 거침없이 뻗는 나무, 창공을 자유롭게 넘나드는 새, 작은 옹알이를 하며 흘러가는 시냇물, 그리고 수많은 생물을 가득 품고 있는 산과 유유자적 떠가는 구름……. 이들은 생긴 모습 그대로, 가진 본성 그대로, 주어진 여건에 따라 여여(如如)하게, 자유롭게 살아간다. 타자를 의식하거나 애써 보여 주려 하지 않고, 한 점 불평도 없이, 있는 그대로.

사랑이란

나는 제대로 사랑을 하는 걸까?

산책하면서 불현듯 나의 사랑에 대한 의문이 떠오른다.

사랑은 다른 목적을 위한 수단이 아닌, 그 자체가 목적이어야 하고 일시적 감정이 아니라 끊임없는 관심과 애정을 기울여야 한다는데, 과연 나는 잘 사랑하고 있는 걸까?

인생의 황혼기에 접어든 지금, 웬일로 새삼스레 진실한 사랑 운운하는 걸까?

사랑이란 뭘까?

사랑에는 여러 형태의 사랑이 있지만 먼저 아내에 대한 사랑부터 생각해 봤다.

나는 과연 진실과 신뢰를 바탕으로 단단하게 맺어진 온전한 사랑을 하고 있나? 결혼이라는 사회적 관습에 따라 겉모양만 그럴싸한 허울 좋은 사랑의 형태만 갖추고 있는 것은 아닐까? 내가 상대와 하나가 되는 차원은 고사하고 관심과 애정이 메말라 버린 조건부 사랑에 불과한 건 아닐까? 온전한 사랑은 아직도 요원하기만 한듯하다. 타자를 탓하기 전 나부터 되돌아봐야 할 것이다. 모든 건 나로부터 비롯되지 않나.

나를 돌아봤다.

그동안 사랑을 그저 세상이 만들어 놓은 틀에 따라 안정과 편의를 위한 수단으로써 생각해 왔던 건 아닐까?

진실한 사랑이란 머독(Iris Murdoch, 아일랜드 소설가)이 얘기하듯 단지 주관적인 느낌이 아니라 내 바깥에 존재하는 나 이외의 다른 존재에 대한 끊임없는 관심과 애정을 쏟을 대상을 찾아가는 과정인 줄도 모른다. 행복한 감정과 느낌, 기쁨을 동반하는 것뿐만 아니라, 때로는 나와 다른 성격이나 취향, 생각의 다름으로 인한 갈등과 분노에도 불구하고 이것조차 아우를 수 있는 큰 그릇 같은 게 아닐까.

사랑이란 불편을 감수하는 만큼 커지는 나무처럼, 온전한 사랑은 불편을 먹으며 더욱 단단해지는 듯하다. 불편을 감수하지 않는 한 진정한 사랑은 더욱 요원해지기 때문이다. 이런 사랑의 바탕에는 이 세상에는 나 혼자뿐 아니라 또 다른 소중하고 존엄한 존재가 더불어 같이한다는 인식이 깔려 있을 터이다.

문득 얼마 전에 유튜브에서 두 분의 명사가 나눈 대화에서 들었던 이야기가 떠오른다.

미국의 한 노부부의 이야기다.

TV의 어느 프로에 60년을 해로한 부부가 출연하였는데 사회자가 여성분에게 질문을 했다.

"오랜 기간 남편분과 함께 잘 살아오셨는데 남편의 어떤 면이 제일 좋았나요?"

질문을 받은 부인은 한 줌의 망설임도 없이 답을 한다.

"저 사람이 제일 좋았던 점은 나를 바꾸려고 하지 않았다는 것이에요. 살면서 의견이 서로 달라서 다투기도 했지만, 저분은 나를 자기의 뜻대로 바꾸려 한다거나 무언가 하도록 강요하지 않았어요. 그게 제일 고마웠어."

이 얘기를 듣자마자 나는 무릎을 쳤다.

그렇다! 바로 이것이 부부의 진정한 사랑이었다.

오랫동안 목에 걸려 있던 생선 가시가 쑥 내려갔다.

사랑이란 나의 주관적 관점이나 편견에서 벗어나 타인에 관심을 기울임으로써 주관성을 넘어 보편성을 발견하는 과정이다. 나와 다른 상대를 애써 바꾸려 하지 않고, 갈등을 굳이 해소하려 하지 않고 이해와 관용으로 각자의 삶을 존중하는 것이다. 사랑은 도구화되는 순간 그 의미를 상실해 버린다. 또한 결혼이 '타협할 수 없는 차이'를 감추기 위한 겉치레가 되어서는 안 된다. 각자의 사적 공간을 줄이고 서로에게 한 발 다가서 상호 존중을 통해 화합의 균형을 찾아가는 것이다.

그런데 타협으로 균형 잡기가 힘들 때는 어떻게 하지? 또 하나의 의문이 고개를 든다.

그때 마르쿠스 아우렐리우스의 한마디 권고가 명쾌하게 나의 갈등을 풀어 준다.

누군가 실수를 저질렀으면 친절하게 바로잡고 어디가 잘못되었는지를 보여 주어라. 그럴 자신이 없다면 책임은 당신에게 있다. 또는 누구의 잘못도 아니다.

나와 상대의 삶이 한 뼘 더 존엄해진 것 같다.
안개 속 사랑의 실체가 이제 손에 잡힐 듯하다.

대립의 역설

추석 명절. 긴 연휴가 시작되었다.

저마다 분주하다. 어떤 이는 차례 지내느라고, 또 어떤 이는 모처럼 영화 두어 편 볼 좋은 기회라고, 또는 평소 충분히 못 자던 잠을 원 없이 자겠다고 벼른다.

나에겐 명절의 설렘이 없다. 딱히 차례를 지내거나 시골에 벌초하러 간다는 격식이나 의무가 없으니, 평일이나 진배없다. 게다가 은퇴했으니 특별히 며칠 느긋하게 쉴 수 있다는 안도감도 느끼지 못한다.

오히려 주에 한두 번 친구와의 만남도, 또 가끔 두는 바둑도 둘 기회가 사라진다. 무엇보다 아쉬운 것은 매일 출근하다시피 하는 동네 도서관도 문을 닫아 버린다는 것이다. 나로서는 일상의 리듬이 깨지는 아픔이라 할 수밖에 없다. 여럿이 있다가 갑자기 혼자가 되어 원치 않던 고립을 경험한다고나 할까. 하지만 삶의 주인은 '나'이니 그 누구를 탓하겠는가. 내가 스스로 원하는 상황을 만들어 가면 되는 것이다.

일찌감치 읽을 책을 잔뜩 넣은 가방을 메고 집을 나와 인근 아담한 독서실로 발길을 옮긴다. 누구한테서도 방해받지 않는 나만의 시간을 누리기 위해서다. 독서실 프런티어에서 간단한 절차를 밟고 좌석을 배정받아 드디어 나만의 공간을 갖게 되었다.

이런 생각이 들었다.

상황이 변하고 나니 그동안 무심코 받아들이던 일들이 꽤 큰 혜택이었음을 새삼 깨닫게 되었다. 밤새 잘 자고 아침에 불편 없이 일어나는 일이며, 돈 벌러 가지 않고 내가 읽고 싶은 책을 마음껏 볼 수 있는 도서관이 지척에 있고, 보고 싶은 친구도 만날 수 있다. 어디 그뿐인가? 저녁에 아름다운 학의천 변을 호젓이 산책할 수 있고, 돌아와서는 피로한 몸을 편히 쉴 수 있는 내 집이 있다는 것이 나에게 얼마나 큰 축복인가. 이렇게 불편을 마주하게 되니까 비로소 평범한 일상에 관심과 감사의 마음을 낼 수 있는 거구나.

그동안 나는 주어진 것들이 당연한 듯 받아들였다. 지금 내가 누리는 이 생활이 누군가는 절실히 갖고 싶지만, 가질 수 없는 것일 수 있을 터인데 말이다. 나는 매 순간 나에게 주어진 것을 감사하는 마음으로 겸허하게 받아들여야 했다.

맞닥뜨린 상황의 변화가 세상을 보는 관점의 변화를 가져왔고 이것은 다시 현재의 나와 세상을 다시 돌아보는 성찰로 이어졌다. 내가 한 뼘이나 훌쩍 더 성장한 것 같다. 살다 보면 누구나 이러한 크고 작은 변화를 겪기 마련이다. 문제는 변화가 가져오는 상황의 심각성이 아니라 상황을 내가 어떤 관점으로 보고 대응하는가가 중요하다는 멘토의 말이 새삼 귀에 쏙 들어온다.

그러니 내가 원하지 않는 변화일수록, 그 변화가 불편하고 고통스러울수록 현재의 내가 더욱 성장하고 발전하는 기회가 되지 않을까?

이게 바로 대립의 역설이 아니겠는가.

진흙에서 피어나는 꽃

모처럼 책장을 정리하다 오래전 끄적거려 놓은 자투리 글 몇 줄을 발견했다.

부친이 돌아가시고 채 일 년도 안 된 시점, 한창 승진 시험 공부에 매달려 있던 시절 일기였다. 문득 그때 힘든 상황이 머릿속에 주마등처럼 스치며 그려졌다. 잠시 망설여졌다. 다시 되새겨 보고 싶지 않은데 굳이 읽어 볼 필요가 있을까, 또 한편으로는 삶이 맞닥뜨린 첫 번째 힘든 시련을 어떻게 받아들이고 대처했을까, 하는 궁금증이 일기도 했다.

드디어 마음을 내어 이미 서른 해가 지난, 조그마한 수첩에 깨알처럼 박혀 있던 글들을 한 땀 한 땀 읽어 내려갔다.

'94. 2. 28.(월) -1:13pm

머리가 빠개질 듯하다. 아침에 약을 먹어도 기침이 차도가 없고 설사를 계속한다. 한의원 선생님께 전화로 상황을 말씀드리니 일단 병원에 들러 기침을 없애고 난 뒤 한약을 먹는 게 좋겠다고 하신다. 그래서 기침은 양약으로 공략하고 숨이 찬 증세는 한약으로 치료하기로 하였다.

지난 금요일 저녁부터 지금까지 책을 거의 보지 못했다. 2시간도 안 될 것 같다. 그동안 몸 축내며 열공하여 쌓아 왔던 것이 한순간에 무너지는 게 아닐까, 잔뜩 걱정된다. 시험을 언제 볼지 모르는 상황에서 3월 20일에 할 이사도 큰 심적 부담으로 작용하고 있다. 아무튼 지금 단계에선 건강에 최우선을 둘 수밖에 없다. 건강이 악화되면 한 두 달 동안 병가를 내고 쉴 수밖에 없을 터이니.

'94. 3. 1.(화) -1:15pm

지금은 어제보다 살짝 좋아진 것 같아 기분이 좋다. 하지만 오늘도 여전히 책은 거의 보지 못하고 있다. (중략) 건강이란 평소 자신이 스스로 지켜야 한다는 걸 다시 확인할 수 있었다.

'94. 3. 7.(월) -4:35pm 고려병원 960호실 병상

지난번에 이어 또다시 늑막에서 액체 700cc(첫 번째는 1,500cc)를 빼냈다. 그리고 X선 사진을 두 장 찍었는데 아직도 늑막에 물이 많이 고여 있는 것으로 드러났다. 오늘 뺀 물의 양이 너무 적었다는 것이 아쉬웠다. 오늘 밤도 어제처럼 서너 차례 곤욕을 치르지 않으면 안 될 것 같다. 하지만 마음은 한결 가벼워졌다. 옆에서 나의 수발을 드는 아내의 표정도 그렇게 어둡지만은 않은 것 같다.

어제 오진 동생과 제수씨가 꼬마들을 데리고 나의 병실을 방문했고, 이어서 오후에는 형과 형수가 오셨다. 염려해 주는 이들의 바람이 헛되지 않게 최선을 다해야겠다. 오늘은 오후에 큰누님이 석구,

금주와 함께 오셨다. 오랜만에 보는 얼굴들을 이런 자리에서 보는 것은 불행이다. 하지만 완쾌하여 평촌 아파트에서 환한 웃음으로 그들을 다시 맞이할 기회가 곧 있을 것이다.

이제 공부는 나에게 아주 먼 나라 얘기가 돼 버린 느낌이 든다. 내가 언제부터 공부에 죽고 살았을까 할 정도로 지금의 나는 공부와는 너무나 다른 세상으로 떠밀려 와 있다. 시험을 볼 테면 봐라! 시험에 대한 강박도 미련도 없다는 초탈한 표정을 지으며 유유자적하며 금싸라기 같은 시간을 물 쓰듯 한다. 며칠 전의 나와 비교해 볼 때 지금 이런 나의 심적 변화를 어찌 상상이나 할 수 있을까? 인간이 환경의 변화로 며칠 만에 이렇게 많은 변화를 가져올 수도 있는 걸까? 다시 한번 되묻게 된다.

'94. 3. 8.(화) -4:10am

새벽 1시에 깨어 소변을 보고, 또 3시 반에 잠깐 깼다가 등을 압박하는 통증에 이리저리 돌아누워도 마뜩잖아 침대에서 일어나 앉았다. 시계를 보니 4시. 이제는 더 이상 눕고 싶은 용기도 없다. 차라리 앉아서 고요한 명상이나 하면서 관세음보살님을 찾는 수밖엔.

고요한 밤이다. 이따금 창밖의 차들이 질주하는 소리가 들리고 문틈 사이로 간호사실 라디오 음악 소리가 들려온다. 머리맡 산소호흡기 들끓는 소리가 숨 가쁘다.

-6:30am

5시 45분 기상을 하여 화장실에 들렀다가 몸무게를 달아 보니 하루 사이에 1kg 이상이 빠졌다. 잘 먹는데도 활동을 안 하니 근육이 빠져나간 건가? 창밖에는 봄비가 소록소록 소리 없이 내린다. 봄비가 대지를 촉촉이 적셔 온 만물에 생기를 불어넣듯이 나의 빈약한 육체에도 활력을 불어넣어 주기를!

-12:40pm

먹고 누워 한숨 자다가, 잠에서 깨어서는 약 한 줌 먹고, 엉덩이에 5% 포도당 주사 한 대 맞고, 또 한숨 잔다. 자다 보면 밥 먹으라고 깨울 테지. 벌써 이러한 생활의 연속이 슬슬 지겹게 여겨지기 시작한다. 오늘이 기껏해야 입원 4일째인데 말이다.

-7:18pm

2시 지나 준호 엄마가 왔다. 꼬마 녀석들 등하교시키고 오느라고 이렇게 매일 헐레벌떡 달려온다. 남편의 병간호, 애들 치다꺼리에다가 열흘 후 있을 이사까지 준비하느라 무척 바쁠 것이다. 미안할 뿐이다. 나로서는 건강을 회복하여 갚는 수밖에 별도리가 없다.

저녁을 먹고 나자 직장 동료인 K가 왔다. 내가 부탁한 CDP를 가지고. 고맙다. 얼마 전까지 같은 독서실에서 열공했었는데…. 단 며칠 사이에 이렇게 모든 게 변하다니! 승진 시험 날짜는 4월이 될지, 9월이 될지, 또 인원은 몇 명이나 뽑을지, 오리무중이다. 비록 나에게는 강 건너 불구경에 지나지 않지만 답답하고 안타깝기만 하다. 다만 한 가닥 실낱같은 희망 사항이 있다면 시험이 9월로 늦춰지고 인원도 좀 더 뽑기를 기대할 뿐이다.

-10:16pm

옆 침대 김 선생은 24시간 주사를 맞는 분이다. 그것도 양팔에 주삿바늘이 꽂혀 있는 때가 많다. 그럼에도 김 선생은 농담을 주고받을 정도로 낙천적이다. 나라면 온몸이 만신창이가 되어서도 저런 농담을 할 수 있을까? 그 여유가 부럽기만 하다.

오늘 밤은 조용하고 편안한 밤이 되었으면 좋겠다. 우리 호실만이라도 이런 축복이 와 주기를 마음속으로 기원해 본다. 내 침대 앞에 계시는 82세의 권 어르신은 밤에 거의 잠을 못 주무시는 걸 잘 알기 때문이다. 이렇게 불면이 어떤 사람에게는 전혀 걱정거리가 안 되는 일이지만 또 다른 이에게는 참을 수 없는 고통으로 느껴진다는 것을 어떻게 받아들여야 할까. 언뜻 보기에 세상이 불공평해 보이지만 알고 보면 누구나 저마다 한두 가지 고민거리를 안고 고군분투하며 사는 듯하다. 주어진 운명에 저항하지 않고 버텨 나갈 뿐이다.

’94. 3. 9.(수) -3:08am

천근만근 느껴지는 몸을 이리저리 뒤척이다 잠에서 깨면 등에는 식은땀이 줄줄 흐르고 시트가 축축해진다. 일어나 화장실로 간다. 거울에 비친 내 몰골을 보니 한심스러웠다. 인간 최준배가 이렇게 변하다니! 본래의 나를 되찾아야겠다고 다짐해 본다.

-7:28am

CD로 젊은이들의 박력과 미성을 듣고 있노라면 젊음에 대해 찬탄하는 마음이 가슴에 차오른다. 젊음은 역시 좋은 것이다. 신선하고 건강하고 순수할 뿐 아니라 무한한 가능성을 내포하고 있고 어떤 것을 향해 도전하는 의지이고, 한편으로 무가치의 가치를 지향하는 맹목적인 의지이기도 하다. 문득 이런 젊음을 되찾기 위해 도박을 걸었던, 괴테의 파우스트 박사가 생각난 것은 웬일일까?

-10:12pm

조금 전 절친 K가 다녀갔다. 그동안 살던 얘기를 허심탄회하게 약 1시간 남짓 나눴다. 모처럼 만에 가진, 옛 친구와 허물없는 대화였다. 친구는 큰아들로서 부친에 대한 사명감과 맏이로서 동생들에 대한 뒷바라지의 의무감을 안고서도 꿋꿋하게 자신의 삶을 개성 있게 살아가고 있었다. 듬직함이 부러웠다.

낮에는 장모님, 처가 이모님이 오시고 좀 있으려니 처제가 문병을 왔다. 평소 좀 더 자주 찾아뵈어야 했는데 소홀했던 것이 생각나 미안했다.

'94. 3. 10.(목) -7:12am

지난밤은 좀 수월하게 잔 편이다. 4시에 한 번 깼지만, 곧 잠들었다. 등 쪽에 통증이 있었지만 견딜 만했다. 어제 폐에서 800cc를 뽑아낸 것이 주효했던 것 같다. 앞으로 몇 차례, 몇 cc나 뽑아야 하는지, 더 이상 신경 쓰지 않기로 했다. 나의 주치의가 어련히 알아서 조치하시리라. 나는 단지 그들의 결정을 믿고 따를 뿐이다. 여기 이렇게 환자복을 입고 입원해 있는 상황에서는 말이다.

이사가 이제 열흘 앞으로 다가왔다. 꿈에 그리던 내 집 마련이 현실이 되는 순간이다. 가슴이 설렌다. 이제는 6개월이나 1년에 한 번씩 지긋지긋한 이삿짐 꾸리기나 석유를 사다 날라야 하는 일은 하지 않아도 될 것이다. 한편 앞으로 신경 쓸 것도 적지 않다. 먼저 새 아파트 짐 정리와 아이들 전학 문제로 학교에 가 봐야 한다. 슬슬 차도 마련해야 하고 또 앞으로 평촌에서 광화문 본사로 출퇴근 시간이 1시간 이상 걸릴 것도 감수해야 한다. 하지만 이런 것들은 우리 부부가 노력하면 마땅히 감당할 수 있는 일이니 더 이상 걱정하지 않기로 했다.

-9:09pm

마지막 찍은 X-ray 사진을 봤다. 그동안 바다에 침몰했던 왼쪽 폐의 2/3가 썰물이 되어 그 형체가 드러나고 있었다. 이제 남은 1/3도 인양 작업을 해서 완전히 끌어내도록 해야 할 것이다. 주치의는 앞으로 한두 차례 작업을 해서 1,500cc를 더 빼내야 한다고 한다.

오후에 아이들이 왔다. 아빠가 아픈데도 애들은 아랑곳하지 않고 장난을 친다. 정말 순수하다. 꾸밈이 없다. 앞으로도 계속 이렇게 건강하고 밝게 성장해 줬으면 좋겠다.

이후의 일기도 3월 22일 퇴원할 때까지 계속 이어져 있었다. 병원의 좁은 입원실 공간 내 단조로운 생활 속에서 일어나는 반복되는 일상 얘기들이다. 고통 속에서도 안도와 위안 그리고 웃음도 간간이 엿보인다. 세상 사람이면 누구에게나 예외 없이 현재 겪고 있거나 경험할 법한 얘기들이다.

이게 바로 우리의 현실 삶이다.

그래서 일찍이 붓다는 삶은 고(苦)라고 하지 않았던가. 하지만 우리는 이러한 고통 속에서도 매몰되지 않고 더불어 살아가는 이웃과 조화롭게 공존하며 자신만의 길을 당당하게 걸어가야 할 것이다.

마치 진흙 속에서도 뛰어난 수질 정화 능력으로
수많은 생명체에게 삶의 귀한 터전을 마련하며
고귀하고 향기롭게 피어나는 연꽃처럼.

온전한 삶

Amo, volo ut sis!

(사랑합니다. 부디 그대가 원하는 대로 살아가기를!)

산책하는 내내 머릿속에 맴돌며 화두가 된 말이다.

내가 좋아하는 한동일 교수의 책에서 본 라틴어 문장이다. 직역은 '그대가 (있는 그대로) 존재하기를 원합니다.'인데 의역을 한 것이다.

이 문장은 아우구스티누스의 말인데 철학자 마르틴 하이데거가 제자이자 연인이었던 한나 아렌트에게 보낸 편지에 인용하였다고 전해진다.

'나'라는 존재의 의미와 가치를 새삼 돌아보게 한다. 우리는 이 세상에 아무런 목적도 없이 던져졌지만, 기적과도 같은 확률을 뚫고 이 세상에 얼굴을 드러내게 되었다. 그러나 나는 내가 진정 원하는 삶을 살고 싶어 스스로 선택하여 세상에 왔다(이렇게 얘기하는 임사 체험자들도 많이 있다)고 믿고 싶다. 소소한 일상의 즐거움과 기쁨, 그리고 슬픔까지도 몸소 체험해 보고 싶어 몸을 나투게 되었다고 생각한다.

하늘 아래 새로운 것은 없다.

나만이 가능한 사고나 행동은 없다. 우리는 자주 세상 어딘가 나와 비슷한 상황에서 나와 닮은꼴의 무수한 생각과 행동의 스펙트럼이 표출됨을 보게 된다. 우리는 바닷속의 작은 파도들로 연결되어 있으며 각자 주어진 환경과 경험 속에서 자신만의 모양과 색깔로 변주하며 자신의 개성을 드러낼 뿐이다.

인류 전체가 공통으로 가진 보편적 마음이 있다.

이 마음은 광대한 바다이며 개체의 마음은 그 안의 작은 물방울 같은 것일 터이다. 그러니 나를 타인과 비교하고 경쟁하여 내가 타인보다 우월하다고 자만하거나 열등하다고 주눅 들 필요도 없는 것이다.

진정 우리가 할 일은 나에게 주어진 능력을 감사하는 마음으로 최대한 발휘함과 동시에, 보편적 마음의 깊은 우물 속에 담긴 생각 중 필요한 것은 배우고, 배운 것을 주위의 타자와 더불어 베풀며 살아갈 뿐이다. 철학자 팀 프릭의 명쾌한 말이 귀에 쏙 들어온다. 그는 말한다.

> 당신이 해야 할 일은 누구나 가지고 있는 자신의 천재성을 식별하고 삶에 특별한 기여를 함으로써 그 천재성을 표현할 뿐이다.

주위를 둘러본다.

고통으로 괴로워하며 힘들게 살아가는 생명들이 너무 많다. 자신의 문제점을 타인에게 투사하고, 사회의 구조적 문제점을 어느 특정인 탓으로 몰아가서 주위에 상처를 입히는 사례를 자주 보게 된다.

어디 그뿐인가? 가까운 가족이나 친척, 이웃, 친구에게도 자신조차 알게 모르게 마음의 상처와 고통을 주고받는 사례는 누구나 쉬이 경험하게 되지 않는가? 이 사회에 몸담은 나 역시 예외가 아닐 터이다.

그러나 우리는 진정한 인간다움을 포기해서는 안 된다.

우리가 이 세상에 온 이유를 상기하며 타자와 더불어 어깨를 맞대고 따뜻하게 손을 맞잡아야 한다. 신뢰하는 눈빛으로 타자의 말에 귀 기울이며.

한 교수는 인간의 위대함에 대해 책에서 이렇게 말한다.

> 인간은 저마다 상처 입은 치유자이다. 누구나 인생살이에서 상처받지만, 그런 상처받은 사람이 다시 타인의 상처를 보듬어 주려 하는 데 인간의 위대함이 있다. 그때 인간은 인간에게 신이 된다.
>
> (출처: 한동일, 《한동일의 라틴어 인생 문장》, 이야기장수, 2023)

그렇다!

주위 타인의 아픔과 고통, 결점을 이해하고 공감하며, 인간뿐 아니라 우주의 온 생명에 사랑과 관심을 확장할 때, 비로소 우리는 우주에 몸을 받고 태어난 온전한 존재로 다시 거듭나게 될 것이다.

또 하나의 신비

아침 핸드폰 카톡을 열어 보고 깜짝 놀랐다.

세상에! 우리가 흘리는 눈물에도 감정이 녹아 있다니!

너무나 뜻밖의 영상이라 혹시 조작된 영상이 아닌지 여기저기 뒤져 보았지만, 사실인 듯하다. 이런 내용의 영상이었다.

눈물을 현미경에 올려놓고 확대하여 관찰한 결과, 슬플 때 흘린 눈물과 기쁠 때 흘린 눈물의 결정체가 각기 달랐다. 전자는 마음속 상처를 반영하듯 날카로운 가시처럼 생긴 결정체가 얼음 갈라지듯 퍼져 나가는데 후자는 주인의 행복한 마음에 공감이라도 하듯 동그랗고 아담한, 노란 국화꽃처럼 생긴 결정체가 몽실몽실 떠다닌다.

인터넷을 검색해 봤더니 이 눈물 사진을 처음 찍은 사람은 네덜란드 출신 아트 디렉트 겸 사진작가인 모리스 미커스(Mourice Mikkers)란 사람으로 영국 일간지 《데일리 메일(Daily Mail)》에 이 사진을 공개했다. 그는 여러 사람에게서 채취한 눈물을 현미경 아래에서 말린 후 결정의 모습을 사진으로 담았다고 한다.

눈물은 인체가 우리 몸을 지키기 위한 자연스러운 신체 반응이다.

맨눈으로 보면 물처럼 투명하고 똑같아 보이지만 눈물을 흘렸을 때의 감정이나 상황에 따라 각기 다른 모양과 패턴, 성분을 보여 준다. 스트레스나 행복, 슬픔, 고통 등 강한 감정에 반응하는 눈물은 인체가 '카테콜아민'이라는 스트레스 호르몬을 배출하기 위해 뇌 속 화학 작용으로 부교감 신경계를 자극하여 생성되어 배출된 것이라고 한다. 참고로 카테콜아민은 소화기 질환, 심근경색, 동맥경화를 유발하는 호르몬이다. 그렇다면 눈물이 나올 때는 참지 말고 잘 울어야 건강할 듯싶다.

참으로 신비로운 것은 인체가 주인의 감정의 변화를 읽고 눈물을 통해 다양한 패턴과 성분으로 자신을 표출한다는 점이다. 주인이 기쁠 때는 동조하듯 방실방실 웃는 듯하고 주인이 괴로워할 때면 공감하고 위로하듯 연민의 아픔을 드러내 보여 준다.

놀랍지 않은가?

우리의 몸은 우리가 짐작했던 것보다 훨씬 디테일한 것을 인체에 내장하여 마음과 교감하고 있음이 진화심리학자들에 의해서 속속 밝혀지고 있다. 우리 뇌는 약 1,000억 개의 뉴런 각각이 미세하고 짧은 전압신호(spike)를 전송함으로써 다른 뉴런들과 소통하고 있다는데 한편으로 우주에도 그만큼의 은하수가 분포되어 있다는 사실에 놀라움을 금치 못하게 된다.

뇌의 뉴런과 우주의 은하계는 극과 극의 형상을 하고 있지만 결국 하나로 연결되어 있는 게 아닐까? 탄소, 질소, 인, 산소 등 인간의 세포를 구성하는 원자의 대부분은 별의 중심에서 일어나는 핵융합에 의해 형성되었다가 별이 죽으면 우주에 흩어져 인간뿐 아니라 지구 위 모든 존재의 성분으로 다시 생겨난다니 말이다.

그러니 우리는 모두 별의 먼지로 창조된 것이다.

이게 바로 물극필반(物極必反)의 도리이자 양자역학에서 얘기하는 상보성의 원리와 상통한 것이 아니겠는가?

나는 이 우주의 먼지에 불과하지만, 또 한편으로 몸의 캡틴으로서,
몸을 구성하는 수백억 세포의 주인이다.
존재의 의미를 생각하니 내가 달리 보인다.
주인으로서 나에게 주어진 사명에 충실해야겠다.

신과 함께라면

신문에서 본 한 줄의 글귀가 화두가 되었다.

지금 당신 앞의 한 사람만 만족시켜라, 그 사람이 전부다.

(출처: 이동규의 두줄칼럼, 〈한 명을 위해 연주하라〉, 조선일보 '23. 12. 29.)

오직 지금 눈앞의 한 사람만을 위해 존재하라고 한다. 이 한 사람을 감동시키는 두 가지 원료는 정직과 겸손이라는 말과 함께.

나의 일상을 돌아봤다.

친구와 대화 중에도 때때로 눈을 마주치지 않거나, 무심코 핸드폰을 뒤적이지는 않았던가? 게다가 눈앞의 대상이 사람은 아니지만 밥을 먹으면서 핸드폰을 보거나 TV 바둑 경기에 정신을 파는 것도 지금, 현재에 온전히 집중하여 즐기지 못하는 습관 중 하나일 터이다.

더욱 심각한 것은 지금, 여기에서 눈은 대상을 빤히 바라보며 고개를 끄덕이고 있지만 생각은 과거 어느 때나 다른 공간에 가 있는 경우다.

문득 아내로부터 얘기하는 말에 건성으로 엉뚱한 답을 한다고 무안을 당한 일이 떠오른다. 이 경우 나는 대상과 영혼이 없는 대화를 한 것이나 진배없을 것이다.

어떡하면 지금, 여기에 집중하는 삶을 살 수 있을까? 곰곰 생각해 봤다.

좋은 생각이 떠올랐다. 이런 상상을 하며 생각하고 행동하면 훨씬 나아지지 않을까?

비록 신은 거룩하고 감히 범접할 수 없고 의인화가 불가한 차원의 존재이지만 수행의 한 방편으로서 곁에서 언제라도 소통할 수 있는 친구 같은 신이 있다고 가정한다. 그리고 지금 내가 하는 모든 말이나 생각, 행동은 전지전능한 신과 더불어 하는 것으로 상상한다. 내가 밥을 먹을 때는 신과 함께 밥을 먹는 것이요, 내가 말을 하거나 생각할 때에도 신이 곁에서 빤히 바라보고 있다고 말이다.

그렇다면 신 앞에서 하는 나의 말이나 행동은 한 가닥의 거짓도, 위선도 용납되지 않을 것이며, 신이 바라보고 있는 상황에서는 감히 옳지 않거나 비도덕적인 생각은 털끝만큼도 하지 못할 것이다. 아울러 내가 직면하는 현실이 나와 함께하는 신이 허용하는 세계 속에서 펼쳐진다고 한다면, 현실은 곧 신의 뜻을 반영하는 것이다.

우리는 주어진 현실을 진지하게 그리고 겸허하게 받아들여야 한다.

과거는 이미 사라지고 미래는 존재하지 않기에 현실만이 실재하는 진리이자 신과 다름없다. 현실이라는 신의 뜻을 올바로 직시하여 있는 그대로 수용하고 내면의 소리에 경청해야 한다.

오늘 하루, 진정으로 에고의 소리에 한눈팔지 않고 선입견이나 편견 없이 현실을 있는 그대로 수용했거나 내면의 소리에 따라 결정하고 실행했다면 그 사람은 신의 뜻을 온전하게 이해하고 실행한 하루를 보낸 것이리라.

이런 삶이야말로 진정 내가 주인인 삶, 지금 여기에 온전히 존재하는 삶이 아닐까?

문득 쉼보르스카의 시가 떠오른다.

두 번은 없다. 지금도 그렇고
앞으로도 그럴 것이다. 그러므로 우리는
아무런 연습 없이 태어나서
아무런 훈련 없이 죽는다.
(중략)
반복되는 하루는 단 한 번도 없다.
두 번의 똑같은 밤도 없고
두 번의 한결같은 입맞춤도 없고
두 번의 동일한 눈빛도 없다.

(비스와바 쉼보르스카, 〈두 번은 없다〉 시 중에서 발췌)

이 글을 쓰고 있는 지금, 나는 다른 어떤 것에도 한눈을 팔 수 없다. 나의 글신이 부드러운 미소를 띠며 곁에서 조용히 나를 바라보고 있다.

신을 감동시키자

새해 첫날, 고요한 아침이다.

청계산 봉우리 사이로 붉은 해가 불쑥 솟아오른다. 거실 푸나무들과 함께 한마음이 되어 허리를 굽혀 합장한다. 지구별의 평화와 자유, 그리고 뭇 생명의 행복을 위해서 기도한다.

나는 올해 야심찬 새로운 원(願)을 세웠다. 신을 감동시키자고.

언뜻 들으면 무슨 터무니없는 소리를 하느냐고 할지도 모른다. 나 역시 처음엔 이게 가당키나 한 말인가, 말도 안 되는 소리라고 생각했다. 전지전능한 신에게 용서를 빌지는 않을지언정 감동을 시키겠다니! 어림 반 푼어치도 없다고 말이다.

하지만 이렇게 생각해 보면 어떨까?

나는 신의 본성에 따라 태어났고 신과 나는 하나로 연결되어 있으며, 신은 나를 통하여 자신의 뜻을 세상에 드러내 보여 주고 있다고 믿는다. 그렇다면 지금, 여기 현존하는 메시지를 읽음으로써 신의 뜻과 의지를 파악할 수 있을 터이다. 따라서 내가 현실의 메시지를 제대로 이해하고 실행하려고 노력한다면 신의 뜻에 100% 부합하진 않더라도 틈틈이 신을 감동시킬 수 있지 않을까.

나의 지나간 여정을 돌아봤다.

15년 전 암이라는 복병을 만나 오랜 기간 몸담아 온 직장을 떠나게 되었는데, 6개월 정도 치료를 마치자 다시 수학 과외를 하고, 자회사를 다니고, 사이버대학에 편입하여 상담사 공부를 해서 자격증을 따고, 시 주민센터 직업상담사를 하다 보니 어느새 6년이 지나갔다. 그러다 또다시 불청객을 만나게 되어 몸과 마음이 휘청거리며 일여 년의 힘든 시간을 보내게 되었다. 이 계기로 진지하게 나를 다시 되돌아보게 되었고 내가 맞닥뜨린 두 번의 시련에 대해서도 생각해 봤다.

도서관으로 향하여 그동안 읽고 싶었던 책을 마음껏 보고 학의천변을 산책하고 사유하면서 단조롭지만 내 나름대로 행복한 일상을 보냈다. 해를 거듭할수록 내면을 성찰하고 마음속 깊은 곳에서 영성을 퍼 올리고 자연의 아름다움을 만끽하면서 체험한 깨달음과 감동을 조금씩 글로 남기게 되었다. 그 결과 덤으로 매년 한 권의 책도 출간하게 되었다.

이제야 비로소 내면의 사유와 책 속 멘토들의 지혜를 통하여 신의 뜻을 살짝 엿볼 수 있게 된 듯하다. 두 번에 걸친 시련의 의미와 삶의 본질은 무엇이고, 어떻게 살아야 하며, 내가 누구인지 어렴풋이 알게 되었다. 나의 어설펐던 신념도 내 나름대로 단단히 다져 가는 듯하다.

나는 애써서 신에게 무언가 해 달라고 구하고 싶지 않다. 내가 신의 본성을 가지고 있고 신과 나는 하나로 연결되어 있다는 것을 믿기에 굳이 그렇게 할 필요를 못 느낀다. 내가 나 자신을 진정 사랑하고 행복을 원한다면 신 역시 나와 같이 그렇게 느낄 것이다. 그러니 나를 감동하게 하는 것이 결국 신을 감동하게 하는 것이리라.

그렇다면 나를 감동하게 하려면 어떻게 해야 할까?

생각과 말, 행동이 내가 추구하는 신념과 일치하여 어긋남이 없도록 하는 것이다. 나의 신념을 다시 정리해 본다. 크게 세 가지를 들 수 있다.

첫째, 내가 주인이 되는 삶,

둘째, 지금 여기에 집중하는 삶,

마지막으로 나 자신을 사랑하는 삶이다.

나의 생각과 말, 행동이 이 세 가지 신념에 비추어 크게 벗어나지 않는다면 대체로 나를 만족시켰다고 할 수 있으리라. 하지만 나는 원을 더 높이 세워 신에게 만족 이상의 감동을 주고 싶다. 감동은 기대 이상의 결과를 얻었을 때 밀려오는 환희의 감정이다. 신을 진정으로 감동시키는 것은 기대보다 더 크고 빛나는, 훌륭한 어떤 것이라기보다는 오히려 소박하지만 순수하고 진실된 마음 한 조각이라고 생각한다. 우리가 당연하다고 생각하는 것 너머 '그럼에도 불구하고'라는 관용구가 따르는 그런 것이 아닐까?

나는 신의 감동을 이끌어 내기 위해 애쓰지는 않을 것이다.

비록 작고, 보잘것없고, 하찮은 것이라도 진심을 가지고, 평소 나의 신념을 온전히 실행할 수 있다면 그것으로 최선을 다했다고 생각하고 싶다.

문득 예수님의 한 말씀이 떠오른다.

> 내가 진실로 너희에게 이르노니 너희가 여기 내 형제 중에 지극히 작은 자 하나에게 한 것이 곧 내게 한 것이니라
>
> (마 25:40)

오늘은 어떤 일로 신이 감동할까?

가슴이 설렌다.

마지막 말

방금 읽었던 책의 끝부분의 글귀가 집으로 가는 내내 머릿속을 맴돈다.

> 내가 누군가에게 하는 말이 그 사람에게 마지막 말이 될지도 모른다.
>
> (출처: 류시화, 《내가 생각한 인생이 아니야》, 수오서재, 2023)

'앨리스 카하나'라는 헝가리 출신 한 유대인이 독일군에게 잡혀 남동생과 함께 아우슈비츠 수용소에서 이동하며 벌어진 일이다. 남동생이 부주의로 신발 한 짝을 잃게 되었다. 이때 그녀는 동생에게 나무라듯 이렇게 말했다.

"넌 왜 그렇게 바보 같니? 네 물건 하나도 제대로 못 챙기니?"

그런데 이 말이 그녀가 동생한테 한 마지막 말이 되고 말았다.

결국 이동하면서 그녀와 동생은 분리되어 헤어졌고 그 후 영원히 만나지 못하게 된 것이다.

요즘 나이가 들어서인지 죽음에 대해 자주 생각하게 된다. 죽음에 관한 책에 먼저 손이 가고, 책 저자들의 사망 연령을 확인하거나 우리나라 평균 수명과 건강 수명 통계를 눈여겨보고, 심지어는 내가 죽었을 때 장례식장에 어떤 곡이 울려 나오면 좋을까, 생각해 보기도 한다. 그도 그럴 것이 직장 동우회 홈피에는 이틀이 멀다 하고 부고장이 올라오고 주위 건강하던 분들이 갑자기 돌아가신다. 이렇게 현실적으로 언제 어떻게 죽을지 모르니 항상 염두에 두고 준비함이 마땅할 터이다.

만약 내가 몇 년 후, 아니 몇 달 후 죽는다고 한다면 지금처럼 이렇게 살지는 않을 듯하다. 하지만 우리는 영원히 살 것처럼 오늘을 살고 있질 않은가? 책 속의 멘토들은 한결같이 오늘이 삶의 마지막 날이라고 생각하며 살라고 한다. 단 한 번뿐인 삶이니 허투루 살지 말라고 한다.

제대로 사는 삶은 어떤 삶일까?

저마다의 삶의 형태와 빛깔이 다르니 정답은 없을 것이다. 오직 자신만이 알 수 있으며 자신만이 결정할 수 있을 터이다. 앞만 보고 세상이 만들어 놓은 틀에 따라 질주하여 온 삶이라면 때때로 가던 길을 멈추고 큰 숨 한 번 들이켜며 자신을 돌아보아야 한다. 자신을 성찰하고 내면의 소리를 경청하고 내면이 이끄는 삶을 따라가야 할 것이다.

오늘은 어제와 다른 삶이 되어야 한다.

우리의 몸을 들여다본다. 우리의 몸은 약 30조 개의 세포로 이루어져 있는데 하루가 지나면 약 3,000억 개의 세포가 소멸하고, 또 다시 생성된다고 한다. 이러한 세포 교체는 약 25일~30일 주기로 일어나고 이 교체를 3번 겪게 되면 인체의 세포 전체가 교체되는 셈이다. 그렇다면 지금의 내 몸은 석 달 후가 되면 지금과는 완전히 다른 몸이 된다.

이렇게 몸속 세포들이 생을 다하면 죽고 한편으로 새로 탄생하고 변화하며 성장하듯, 우리의 정신과 영혼도 변화하며 성장을 거듭하여야 한다. 몸과 정신, 영혼의 성장은 우리의 삶도 변화시켜 어떠한 외부 환경의 변화에도 쉬이 흔들리지 않고 내면의 평정을 유지하며 자신만의 길을 찾아가게 할 것이다.

과거를 돌이켜 보면 평소 너무 가까이 있어서, 너무 상대를 잘 알고 있다고 착각하여 상대에 상처를 주는 말과 행동을 함부로 쏟아내곤 하지 않았던가, 반성하게 된다.

무엇보다도 우선, 지금 내가 만나고 있는 대상(사람과 동식물은 물론 자연까지)에 존중과 배려를 실천하고 싶다. 지금, 이 순간이 그들과 마지막이 될 수도 있음을 자각한다면 이런 마음이 자연스럽게 우러나오지 않을까?

오늘 오후 한 친구를 만나기로 했는데 그 친구가 예전과는 달리 보일 것 같다.

친구의 눈빛과 얼굴 생김새를 더 관심 있게 들여다보고 그의 말에도 더 집중하며 경청할 것 같다.

매 순간 마음껏 마시는 신선한 공기가 주는 엄청난 혜택을 내일도 모레도 당연히 맛볼 수 없는 것처럼, 친구의 말과 행동도 내일 당연히 볼 수 있거나 들을 수 있는 것이 아닐 수도 있기에.

신의 손길을 느끼다

또다시 신의 세심한 손길을 감지했다.

평소보다 이른 시각에 도서관에서 나와 집을 향해 가는 길이었다. 겨울철 구름 낀, 쌀쌀한 날씨였다. 날은 어둑해져 거리에 오가는 사람은 없고 썰렁하였다.

초등학교 담벼락 골목길을 지나갈 때였다. 뭔가 바람에 이리저리 뒹굴고 있는 게 눈에 띄었다. 가까이 가서 보니 비닐 빵 봉지였다. 필시 아이들이 버리고 간 것일 터이다. 그냥 지나치려는데 발걸음은 반사적으로 멈춰졌고 습관적으로 봉지를 집어 들었다. 그리고 평소 집으로 가는 길을 우회하여 인근 쓰레기 분리 수거장 쪽을 향해 갔다.

수거장에 도착하여 봉지를 처리하고 나오다 한쪽 옆에 모아 둔 종이상자 더미에 눈길이 갔다. 혹시나 하고 들여다보았다. 얼마 전 거기서 귀한 어린이용 그림책 몇 권을 본 적이 있었기 때문이다. 아니나 다를까, 겉표지가 알록달록한 어린이용 책이 눈에 띄었다. 자세히 살펴보니 동식물과 자연현상을 사진과 함께 쉽게 설명해 놓은 어린이 과학 전집이었다. 누군가 수십 권이나 되는 책을 잘 묶어 큰 종이 상자에 가지런히 넣어 둔 것이다. 마치 필요한 사람은 가져가 잘 보라는 것처럼.

책을 살펴봤다. 깨끗하고 보관도 훌륭했다. 수원 큰아들네 손녀 예린이가 생각났다. 저번에 사 줬던 그림책을 보며 두고두고 재미있게 보던 장면이 떠올랐다.

와우~ 예린이가 보면 좋아하겠네! 지금 아이 나이에 이 책들은 좋은 공부 교재가 될 것 같았다. 설레는 가슴을 안고 순식간에 그 무거운 상자를 한 아름에 안고 집에 가져왔다.

이상이 엊저녁에 내가 경험한 일이다.

잠에서 깨어나자 문득 어제의 일이 생각났고, 동시에 얼마 전 내가 일본 야구선수 '오타니'에 대하여 썼던 글이 떠올랐다. 그가 "청소는 남이 떨어뜨린 운을 줍는 것이다."라고 하면서 쓰레기 줍기나 청소를 감사하는 마음으로 실천한다는 내용이다.

혹시 빵 봉지 줍는 일과 책을 발견하게 된 사실 사이에 어떤 연관성이 있는 건 아닐까?

그날 평소보다 한 시간 반이나 일찍 도서관을 나선 것까지 추가한다면 지나친 억측일까? 아니면 그냥 몇 가지 일들이 공교롭게 동시에 일어난, 지극히 우연일지도 모른다.

이러한 신비롭고 우연한 현상을 심리학자 칼 융은 '동시성의 원리'로, 개체적 움직임 이면에는 '상호연동성'을 가지고 유기적으로 연결되어 있다고 해석하였고, 최첨단 과학인 양자 역학에서는 공간적이나 시간적으로 떨어진 사건들이 공동의 통일된 양자 상태로 서로 얽혀 연결되어 있다는 '양자 얽힘'으로 설명하고 있다.

이뿐인가? 고대로부터 전수되는 점성학에서는 우주의 기운이 지구의 땅의 기운과 상응하여 발생하는 '상응의 원리'에 기반하여 풀이하기도 한다.

이상의 이론 외에도 다양한 유사 이론들이 있지만 이들 이론의 바탕에 깔린 근본 원리는 하나이다. 우주 속 모든 존재는 모두 하나로 연결되어 있다는 것이다. 모든 존재는 에너지를 가지고 있으며 긍정적 에너지 주파수를 가진 물질끼리는 '끌어당김의 법칙'이 작용한다는 사실이다. 우리 인간의 머리로는 더 이상의 사실에 대해서는 알 수가 없다. 지금까지 신비한 자연현상을 인간의 이성으로 낱낱이 풀어헤치며 승승장구하여 온 과학도 한계에 봉착하여 더 이상에 대해서는 입을 다물고 있다.

나는 신을 끌어와 어제의 사건을 해석해 봤다.

내가 믿는 신의 개념은 인격신이 아니라 우주에 작용하는 자연법칙에 가깝지만, 의미를 따지는 인간의 속성상 인격화된 신을 방편으로 상정하고 싶다. 이런 관점으로 이번 일을 나 나름대로 해석해 본다.

신은 전지전능하다. 인간의 마음을 모두 꿰뚫어 본다. 나의 모든 생각과 말, 행동도 에너지 주파수를 갖고 있기에 인간과는 달리 신은 훤히 다 아는 것이다. 그래서 나의 어제 봉지 줍는 행위도, 그 이면의 대가를 바라지 않는 순수한 의도도, 신은 힘들이지 않고도 자연스럽게 감지할 수 있었다. 이 사소하고 하찮은 듯한 선행이 신의 마음을 움직였고 신은 나에게 뭔가 기쁜 일을 맛보도록 하고 싶었다. 한편 이와 동시에 어느 누군가 지금은 읽지 않게 된 책을 다른 아이가 즐겁게 읽어 줬으면 좋겠다는 마음을 갖고 있었다는 것도 역시 신은 알고 있었다. 신은 이 에너지 주파수가 동일한 두 갸륵한 마음을 타이밍 좋게, 한 시공에서 교묘하게 연결시켜 준 것이리라.

나는 이렇게 상상력을 발휘하여 한 편의 소설을 써 봤다. 그럴듯하지 않은가?

사실 이런 경이롭고 신비로운 경험은 이전에도 여러 번 겪어 봤기 때문에 나에게는 전혀 황당무계한 이야기가 아니다. 과거에 책을 발간하는 데 적지 않은 돈이 필요할 때마다 우연히 어디선가 생각지도 않던 돈이 툭툭 하늘에서 떨어지듯 손에 쥐어졌다. 《시크릿》에서 얘기하는 간절한 마음도, 마치 이룬 것처럼 생생하게 그려 보는 시각화도 하지 않았지만, 그냥 우연히 이루어졌다. 이 일을 경험한 후로는 나와 함께 밥 먹고, 책 읽고, 글 쓰고, 산책하는 신을 그려 보게 되었고 걱정거리도 많이 사라졌다. 내 곁에 항상 신이 함께 있다고 생각하면 뭣이 두렵고 불안하겠는가?

나는 일본 야구선수 오타니처럼 유명하지도 돈도 많지 않다. 그처럼 운을 얻기 위해서 쓰레기를 줍지도, 인사도, 책을 읽는 것도 아니다. 그냥 하고 싶어서 할 뿐이다.

감히 붓다가 말한 '무주상보시(無住相布施)'나 노자의 '무위자연(無爲自然)'에 살짝 비춰 볼 수 있을까?

이런 나를 진정 사랑하지 않을 수 없다.

오늘은 집에 가는 길에 나에게 특별히 맛있는 커피를 대접하고 싶다.

진정한 구원이란

한 편의 감동적인 글을 읽었다.

글의 마지막 문장을 읽고 나서 한동안 눈을 감고 글 속 분위기에 흠뻑 젖으며 공감했다. 빵집 주인의 심정과 아들을 잃은 부부의 고뇌 어린 얼굴이 떠오르고, 그 위로 한 가닥의 부드럽고 따스한 첼로 선율이 내려앉으며 이들에게 신의 위로와 구원의 손길이 느껴진다.

레이먼드 카버의 〈별것 아닌 것 같지만, 도움이 되는〉이라는 제목의 글인데, 스토리를 간략히 정리해 본다.

엄마는 아들의 8살 생일 파티용으로 빵집에 케이크를 주문하였다. 그런데 아들은 생일날 등교하다가 차에 치여 뇌진탕으로 병원에 입원하게 되고 이틀을 혼수상태로 있다가 죽게 된다. 그동안 사정을 모르는 빵집 주인은 빵을 찾아가지 않는다고 여러 번 전화하였고, 마침내 아들을 잃은 부부는 화가 치밀어 빵집 주인을 찾아가 격한 용어를 쓰면서 회풀이한다.

빵집 주인은 침착하게 자신의 행동에 대해서 미안하다고, 이런 자신에게 측은한 마음을 느낀다면서 용서를 해 달라고 한다. 그러고서 부부에게 앉으라고 의자를 내밀고 커피를 내리고 오븐에서 갓 만든 롤빵을 권하며 말한다.

"뭘 좀 드시고 기운 차리는 게 좋겠소. 이럴 때 뭘 좀 먹는 것이 별것 아닌 것 같지만 도움이 될 거요."

부부는 롤빵을 먹고 커피를 마시며 서서히 마음을 진정시킨다. 그러면서 빵집 주인이 하는 말에 귀를 기울인다. 빵집 주인은 아이 없이 지내 온 자신의 외로움에 대해서, 중년 이후 빵집 일을 하면서 겪은 회한과 무력감을 얘기했고, 그들 부부는 자리를 떠나지 않고 밤새도록 이야기를 나눴다는 내용이다.

진한 연민과 함께 오랫동안 여운이 남는 글이다.

갑자기 자식을 잃게 된 부모의 마음도 너무나 슬펐지만, 곁에서 진솔한 위로의 심정을 자신만의 방식으로 과장되지 않은, 절제된 행동으로 옮기는 빵 장수 또한 눈물샘을 자극한다. 특히 빵집 주인의 담담하고 초연함까지도 느껴지는 태도가 인상적이다. 보통의 평범한 사람이라면 이런 상황에서 어떻게 반응했을까? 비록 아들을 잃은 부부의 심정은 이해하겠지만 이러한 상황을 모르는 자신은 어쩔 수 없었다고 하소연하며 억울한 심정을 토로하지 않았을까?

빵집 주인의 말과 행동에는 입에 발린 겉치레의 위안 말이나 도에 지나치는 액션 따위는 한 점도 붙어 있지 않았다. 따뜻한 한 줌의 체온이 필요한 사람에게는 굳이 설명이 필요 없다. 이들 부부에게 진정 필요한 것은 그들의 아픔을 이해하고 공감하며 곁에서 조용히 침묵하며 그들이 결코 혼자가 아니라는 것을 느끼게 해 주는 것이었다.

빵 장수가 이들 부부에게 건넨 빵 한 조각엔 어떤 아름다운 위로의 말로도 표현할 수 없는 진실한 애도의 마음이 담기지 않았을까? 진정 소중하고 진실한 것은 겉으로 드러나지 않고 보이지 않는 것이다. 그저 침묵 속에서 한 가닥의 눈빛, 따뜻한 한 자락의 손길만으로도 충분한 것이었다.

또 하나의 감동은 빵 장수가 그들에게 의자에 앉게 하고 롤빵과 커피를 권하며 '뭘 좀 먹고 기운을 차리는 게 도움이 될 것'이라고 말하는 장면이다. 빵 장수는 허기진 영혼에 에너지를 불어넣어 힘든 현실을 이겨 내기 위해서는 먼저 몸을 돌봐야 한다고 생각했다. 오랜 경험으로 어떠한 관념상의 설명보다도 한 줌의 빵이 방전된 부부의 영혼에 다시 일어날 힘을 준다는 것을 알고 있었기 때문이다. 몸과 영혼은 하나로 연결되어 있기에.

이렇게 하여 이들 부부가 마음을 진정시키고 버텨 나갈 에너지를 채워 나가자, 빵 장수는 자신의 힘들었던 삶의 이야기를 잔잔히 풀어놓는다.

마침내 소설은 이렇게 아름다운 마무리를 한다.

> 그들은 그에게 귀를 기울였다. 그들은 더 이상 먹지 못할 정도로 먹었다. 그들은 검은 빵을 삼켰다. 그건 형광등 불빛 아래로 들어오는 햇살 같았다. 그들은 새벽이 될 때까지, 창으로 희미한 햇살이 높게 비칠 때까지 이야기를 나눴는데도 떠날 생각을 하지 않았다.

(출처: 레이먼드 카버, 《대성당》 중 단편 〈별것 아닌 것 같지만, 도움이 되는〉,
김연수 역, 문학동네, 2007)

구원이란 절박한 철야 기도나 요란한 통성 기도로 얻어지는 게 아닌 듯하다. 결점 많고 불완전한 존재인 우리가 저마다 힘들게 살아가는 세상에서, 그래도 서로에게 건넬 수 있는 한 줌의 따뜻한 위로와 공감이 우리를 버텨 나가게 하는 '진정한 구원'이 아닐까.

그들은 이렇게 암흑의 긴 터널 속에서 구원의 빛을 봤다.

서두르지 않는 삶

눈을 떴다. 시계를 보니 7:48am이었다.

평소보다 두 시간이나 더 잤다. 간단한 스트레칭을 하고 서둘러 아침을 먹고 도서관으로 향했다. 늦어도 9시까지는 가겠다고 무언의 규칙을 정해 놓은 터라 자꾸만 시계를 보게 된다. 인간이 사회생활을 하기 위한 방편으로 편의상 만들어 놓은 가공의 괴물 눈치를 본다.

지금은 몇 분 전인데 거기까지 가려면 몇 분 걸리는데 몇 분 정도는 지각할 것 같네. 오늘은 열람실이 있는 5층까지 평소처럼 계단으로 올라가지 말고 엘리베이터를 탈까, 이런저런 잡념이 꼬리를 물고 이어진다. 걸음은 빨라지고 호흡이 가쁘다.

가다 보니 눈앞에 큰 비닐봉지 하나가 바람에 날려 이리저리 뒹군다. 갑자기 짜증이 난다.

"왜 하필 바쁠 때 이런 쓰레기가 앞을 가로막고 있지?"

평소 같으면 얼른 가서 주었던 내가 이번엔 달랐다. 쓰레기를 보던 눈을 애써 돌리며 모른 체한다. 발걸음은 멈추지 않고 가던 길을 유유히 지나쳐 간다. 얼마 가지 않아 또 하나의 장애물이 보였다. 이번엔 알록달록한 작은 음료수 팩이었다. 누군가 찌그러뜨려 길 한쪽 구석에 쑤셔 넣은 것 같다. 이걸 보는 순간 또 한 차례의 짜증이 엄습한다.

“오늘은 왜 이런 쓰레기들이 자주 보이지? 한 번도 아니고 하필 바쁠 때 말이야. 이게 바로 머피의 법칙이라는 건가?”

이렇게 생각하며 걸음은 한 줌의 망설임도 없이 가던 길을 걸어간다. 순간 가슴 속 ‘내면의 나’가 참지 못하고 한 마디 내뱉는다.

“얼마 전에는 쓰레기를 줍는 것이 남이 버린 운을 줍는 것이라고 큰소리를 치더니 오늘은 두 번씩이나 모른 체하는구나! 어찌 된 일인가? 사람이 변했나?”

이 말을 듣는 순간, 머리가 핑 돌았다. 어찔했다.

시간이라는 괴물의 노예가 되어 잠시 본래의 나를 잃어버린 것이다. 다시 정신을 차리고 나를 들여다보았다. 나는 주인이 아니었다. 한쪽 구석에서 겨우 비바람이나 피하고 있는 객이었다. 이건 내가 지향하는 바가 아니다. 누가 나를 이렇게 만들었나?

주범은 조급한 마음이었다.

시간을 의식하자 마음의 여유가 사라져 조그마한 어떤 것도 비집고 들어갈 틈이 없게 되었다. 문득 전에 심리학 공부할 때 책에서 읽었던 글이 생각났다.

미국의 한 대학 연구팀에서 학생을 대상으로 실험했다. 마음의 여유가 선행에 미치는 영향을 알아보기 위한 실험이었던 걸로 기억한다. 두 팀으로 나눠서 한쪽은 처리해야 할 과제를 주고 다른 팀은 과제를 주지 않은 채 A 지점에서 B 지점으로 이동하도록 했다. 이동 중에 길에서 당장 사람의 도움이 필요한 노인을 만나도록 사전에 배치해 놓았다.

과연 두 팀의 학생들은 이 노인에게 도움을 베풀었을까? 궁금증을 유발했던 실험이었다.

자세한 수치까지는 기억하지 못하지만, 결과는 대략 이랬다. 해결할 과제를 안고 갔던 학생들은 길에서 노인을 만났을 때 아무런 도움을 주지 않았지만 반면에 처리할 과제가 없던 학생들은 노인에게 도움을 주었다. 마음의 여유가 선행 여부에 영향을 미친 것이다. 비단 선행뿐만이 아닐 것이다. 마음의 여유를 가지고 서두르지 않는 것이 매사에 바람직한 결과를 가져오리라는 것은 어렵지 않게 유추할 수 있을 터이다.

사회생활을 하기 위해서는 시간을 의식하지 않을 수 없지만 지나치게 의식하면 더 소중한 것을 잃게 된다는 것을 새삼 깨닫게 된다. 오늘날 우리의 라이프 사이클은 분초를 다투며 급하게 돌아간다. 이 틀에 얽매이다 보면 자신이 어디로 가는지, 내가 왜 사는지도 모르는 채 휩쓸려 가게 된다.

그렇다! 주인은 조급하게 서두르지 않는다.

매 순간 열린 마음으로 삶의 여유 공간을 비워 놓아야 한다. 이 여유 공간으로 틈틈이 자신을 돌아보며 내면의 소리를 경청하고 밝은 이성과 따듯한 감성의 이끌림에 따라 삶을 펼칠 수 있도록 해야 한다. 이렇게 하면 불안과 걱정에 휘둘리지 않고 비로소 진정 나를 사랑하고 내가 주인인 삶을 살아가게 되지 않을까.

어느새 도서관에 다다랐다.

입구로 들어서니 엘리베이터가 보였다. 망설임 없이 고개를 돌려 계단으로 향한다. 계단을 한 걸음 한 걸음 서두르지 않고 천천히 걸어 올라간다. 시간이라는 괴물에서 벗어나 비로소 온전한 나로 돌아온 나를 본다. 나는 다시 깨어났다.

비록 10분도 안 되는 짧은 시간이지만

나는 이렇게 지옥과 천당을 경험했다.

진정 내가 할 수 있는 것은

지난밤 유튜브에서 본 영상 하나가 오늘 화두가 되었다.

어느 독일 유학생한테서 들었던 실화라며 L 목사가 한 이야기를 간단히 정리해 본다.

인근 공장에 다니던 멀쩡한 처자가 사고로 척추를 다쳤다. 사지를 움직일 수가 없어 누워서 지낼 수밖에 없었다. 너무 괴로워 자살도 생각해 봤다. 마지막으로 하느님에게 기도하며 울분을 토하며 하느님한테 따졌다.

"나는 아무것도 못 하는데 왜 살아야 하죠?"

이 소리를 듣고 하느님은 되묻는다.

"정말 아무것도 안 남았느냐?"

처자는 울면서 간절하게 말했다.

"하느님! 이게 안 보이십니까? 얼굴만 빼고 사지가 모두 마비되어 할 수 있는 게 없지 않습니까? 이런 내가 왜 살아야 하는지 말해 주세요!"

하느님은 나직하게 조용히 말씀하신다.

"얼굴은 멀쩡하구나! 그걸로 다른 사람을 위해 뭘 할 수 있는지 생각해 보거라!"

이 말씀을 들은 처자는 잠시 멍했다.

'아니, 이 몰골로 내가 뭘 할 수 있는지 생각해 보라구? 말도 안 돼!' 이렇게 생각하고 실망의 한숨을 쉬며 기도를 끝냈다.

그날 밤 처자는 잠자리에서 다시 한번 하나님의 음성을 되씹으며 곰곰 생각해 봤다.

'말하고 웃을 수 있는 것밖에는 할 수 있는 게 없는데 하나님은 뭘 생각해 보라는 거야?' 짜증이 잔뜩 실린 목소리로 울분을 토할 수밖에 없었다.

밤새 엎치락뒤치락 잠을 못 이루었다.

새벽녘 창밖으로 희뿌연 여명의 빛 한 줄기가 살포시 다가왔다. 따듯한 온기가 처자의 온몸을 감싸고 서서히 빛에서 전해지는 신비로운 에너지로 처자의 몸과 정신은 충만해진다. 의식이 또렷해지더니 하나님이 물으신 물음에 대한 답이 영롱하게 떠오른다.

그렇다! 집 앞에서 출근하는 동료들에게 웃으며 인사는 할 수는 있지 않을까?

생각은 급물살을 타고 잉걸불이 되어 활활 타 올랐다.

일어나서 당장 집 앞 길가로 침대를 옮기고 아침에 출근하는 동료들에게 활짝 웃으며 인사를 한다.

"안녕! 친구들! 출근해서 일 잘하고 잘 지내!"

출근하는 동료들도 처음에는 당혹하였다. 그러나 매일 반복되는 인사에 며칠이 지나자 자연스럽게 같이 손을 흔들며 기쁜 얼굴로 화답하게 되었다. 소문이 삽시간에 공장에 퍼지자 딴 길로 출근하던 직원들도 처자와 눈을 맞추고 인사하기 위해 일부러 돌아와서 그 처자 곁을 지나쳤다. 이렇게 하여 그 마을은 웃음과 인사로 시작하는 활기찬 아침으로 변했다.

그러던 중 어느 날 그 처자가 보이지 않게 되었다. 출근하던 동료들은 수소문하여 원인을 알아보게 되었고 그 처자가 하늘나라로 갔다는 것을 알게 되었다. 처자의 장례식 날 마을 공장은 문을 닫았고 장례식장에는 처자의 승천을 기원하는 공장 직원들로 가득 메워졌다.

이상이 대략적인 내용이다.

한동안 멍했다.

사지가 마비된 사람도 이렇게 가진 한 줌의 것으로도 타인에게 행복을 베풀 수 있구나!

실로 경이롭다! 인간의 숭고한 존엄성에 온몸으로 전율이 밀려온다. 인간의 존엄함이란 이렇게 생각 한 가닥, 마음 한 줌 먹기에 달린 것이구나! 아마도 이 처자는 많은 사람에게 사랑을 베풀기 위한 삶을 체험하려고 스스로 선택하여 이 세상에 온 건 아닐까?

세상이 나에게 주어지는 상황을 수동적으로 받아들이기보다는 진정 내가 하고 싶고 원하는 삶을 선택하여 스스로 만들어 가야 하는 것이었다. 행복은 남이 나에게 던져 주는 것이 아니라 내가 스스로 선택하여 창조하는 것이기 때문이다.

나의 멀쩡한 사지를 본다.
내가 이 세상에 온 목적은 뭘까?
나는 신이 주신 선물을 과연 잘 사용하고 있는 걸까?

자신에게 되묻지 않을 수 없었다.

나무에게 배우다

포근한 햇살이 좋아 점심을 먹고 모락산으로 발걸음을 향했다. 산을 오르다 주변을 둘러보니 분위기가 예전 같지 않다. 얼마 전까지 한적하고 고요하여 스산한 기운까지 느끼곤 했는데 오늘은 왠지 다르다. 부드러운 미풍과 함께 여기저기서 바스락 소리가 들리는 듯하다.

아! 짐작이 갔다. 경칩이 코앞이니 자연이 겨울의 깊은 잠에서 깨어나는 소리였다. 이렇게 자연의 시계는 한 치의 오차도 없이 돌아가고 있었다.

주위를 둘러봤다. 잎새를 다 떨구고 묵묵히 모진 추위를 견뎌 온 나무들도 이제는 기지개를 켜고 활동할 차비를 서두는 듯 부산함이 미세하게 느껴진다. 평소 산을 오르내리면서 나무야말로 나의 이상적인 삶을 그대로 실행하고 있다고 생각하고 있었는데 나무에게 배울 점을 정리해 보았다.

첫째, 지금 현재를 살아간다.

과거 일에 대한 후회나 다가올 미래에 대한 걱정, 불안도 없이 현재 있는 그대로를 살아갈 뿐이다. 지금 주어진 햇볕에 고마움을 느끼며 흠뻑 받아들이고 하늘에서 내리는 비를 선물로 여기며 맛있게 받아 먹는다. 바람이 불어오면 흔들리고 추위에는 몸을 움츠린다. 늦가을에는 잎새를 떨어뜨리며 겨울에 대비한다. 자신이 스스로 통제할 수 없는 것에 대하여는 아무런 저항도, 한마디 불평도 없이, 지금 이 순간 자신이 해야 할 것을 할 뿐이다.

둘째, 자유로운 삶이다.

나무를 볼 때마다 부러운 눈길을 주게 되는 것이 바로 이것이다. 무한히 열려 있는 하늘을 향해 마음껏 가지를 내지르고 뿌리는 심연의 내면을 탐구하듯 깊은 땅속 영양분을 찾아서 무한 탐험에 도전한다. 자신의 성장이나 도전에 거칠 것이 없다. 사람들의 눈에 들기 위해서나 예뻐 보이려고 자신을 애써 치장하려고도 않고, 하고 싶은 대로 욕망을 숨김없이 발산할 뿐이다.

셋째, 욕심 없는 삶이다.

필요한 만큼만 취하고 더 이상 욕심부리지 않는다. 인간처럼 과식하여 밤새 끙끙 앓거나 헬스장에 가서 땀을 뺄 필요도 없다. 또한 내가 더 잘났다고 으스대거나 못했다고 주눅이 들지도 않는다. 내 영역을 더 차지하려거나 남의 것을 시샘하여 곁눈질하지도 않는 듯하다. 자신한테 주어진 대로 만족하며 산다. 그러니 갈등도 싸움도 없다.

길가 한쪽에 다소곳이 핀 들꽃을 들여다본다. 자신의 모습을 당당하게 드러낸다. 한 줌의 창피함이나 불평 어린 모습을 본 적이 없다. 주어진 여건을 거부하거나 저항하지 않고 있는 그대로 수용한다.

마지막으로, 베푸는 삶이다.

잎사귀는 햇빛을 받아 산소를 만들어 주위 생명체에게 조건 없이 베푼다. 자신이 만든 열매, 더 나아가 자신의 몸까지 다른 생명체에게 희생한다. 우리가 흡입하는 산소가 식물의 광합성으로 만든 것이며 인간의 질병을 치료하기 위한 약재의 대부분이 식물에서 추출되었다는 사실은 우리가 익히 알고 있는 사실이다. 또한 뿌리에서는 수많은 미생물과 서로 도우며 공생한다.

식물은 과연 인간이나 동물보다 열등한 존재인가, 묻지 않을 수 없다.

우리가 눈으로 보기에 움직임이 없는 듯하거나 수동적이라는 이유로 그렇게 쉬이 단정을 내릴 수 있을까? 최근에야 첨단 장비의 개발과 학자들의 연구 결과, 식물 생태의 내밀한 사실과 씨앗의 신비스러운 비밀 등이 속속 드러나고 있다. 그들에 대해 알면 알수록 더욱 경이와 감탄을 느끼게 된다. 겉으로 드러나지 않는다고, 요란하게 떠벌리지 않는다고 하찮고 아무것도 아닌 게 아니었다.

인도의 시인 라빈드라나트 타고르는 나무를 인간만큼 각별하게 대했다고 한다. 친구나 이웃으로 느꼈다. 그는 식물을 인간과 동일선상에 놓고 아쉬람에 있는, 자신이 아끼는 나무에게 저마다 새로운 이름을 지어 주고 낯선 꽃에 이름을 지어 불러 줄 만큼 식물에 대해 깊은 애정과 다정함을 느꼈다.

내가 만일 나무로 다시 태어난다면 어떤 나무가 좋을까, 생각해 본다.

누구에게나 사랑받는 화려한 꽃나무? 열매를 많이 맺어 풍성한 먹거리를 제공하는 나무? 아니면 사람들의 감탄을 자아내게 만드는 거대한 멋진 소나무나 몇백 년 마을을 지켜 주는 느티나무? 혹은 사람들에게 관심받지 못하는 나무가 오래도록 살아남는다는 장자의 말에 따라 못생기고 쓸모없는 나무가 되어 볼까? 상상의 나래를 펴 본다.

머릿속으로 갖가지 나무의 꿈을 꾸는 나는 나무가 된 것인가, 아니면 나무가 인간이 된 꿈을 꾸고 있는 것인가?

나무와 나는 하나가 되었다.

죽음의 문턱에서

모든 인간은 죽어서 내세로 돌아가기 전, 한 주 동안 중간 지대에 머물며 살아생전을 돌아보는 시간이 주어진다고 한다. 가장 인상 깊고 소중한 기억을 소환하여 보면서 안식에 들게 된다고 한다.

나는 과연 죽음의 문턱에서 어떤 장면을 되돌려 보고 싶을까? 궁금하다.

당장 장면 하나가 떠오른다. 아내가 손녀인 예린이와 즐겁게 동요를 부르며 동심에 젖어 손짓발짓하며 해맑은 웃음을 짓는 장면이다. 특히 인상에 남는 기억은 〈떴다 떴다 비행기〉 동요를 부르며 두 팔을 활짝 뻗어 비행기가 나는 모습을 그리며 거실을 이리저리 아이와 함께 누비는 장면이다. 할머니의 꽁무니를 졸졸 따라가는 아이의 자지러지는 웃음소리가 지금도 생생하게 들려온다.

나는 가끔 이 장면을 머릿속에 떠올려 보며 "이런 순수한 마음을 가진 아내가 살아오면서 갖은 세파에 많이 힘들어했겠구나!" 생각한다. 이젠 땅거미가 지는 언덕에 서서 아랫마을을 굽어보며 '그때가 좋았지, 아니 지금도 역시 좋다.'라며 흡족한 웃음을 짓는 나를 상상해 본다.

또 한 장면이 떠오른다. 예린이가 첫걸음을 뗀 순간의 장면이다.

온 식구가 모처럼 모여 거실에서 얘기를 나누고 있었다. 한쪽에서 갑자기 누군가 '아자! 아자!'라고 흥을 돋우자 식구의 이목이 자연스럽게 예린이에게로 쏠렸다. 예린이는 곧 넘어질 듯한 자세로 힘들게 한 걸음을 떼기 위해 애를 쓰고 있었다. 벌써 두 번이나 넘어졌다. 식구들이 일제히 '으쌰! 으쌰!' 하며 추임새를 넣고 엄마는 저쪽에서 어서 오라고 손짓한다. 이에 질세라 예린이도 또다시 일어났다. 해내겠다고 작정이나 한 듯 입을 꽉 다물고, 첫발을 힘들게 내딛더니 이어 두 번째 걸음까지 내지른다. 와! 하는 환호성과 함께 예린이는 넘어질 듯한 걸음으로 뒤뚱뒤뚱하며 걸어가 어느새 엄마의 넓은 가슴 품속에 안겨 쓰러진다.

이어서 나의 기억은 타임머신을 타고 시공을 훌쩍 뛰어넘는다.

내가 서울로 유학 온 11살 때의 장면이다. 할머니는 손주 공부 뒷바라지를 위해 일흔이 넘은 고령에도 기꺼이 올라오셔서 고생을 마다하지 않으셨다. 부엌도 없는 서대문 사직동 산비탈의 단칸방에 세 들어 살게 되었다. 그해 겨울은 유난히 추웠다. 어느 날 어둑새벽, 나는 잠에서 깼지만 추워서 몸은 웅크리고 그대로 누워 있었다. 부스럭부스럭하는 소리가 들리는 듯했다. 이불 끝자락을 살짝 내려 빼꼼 내다보았다. 할머니가 옷을 주섬주섬 입고 계셨다. 나는 좀 이따가 일어나려고 다시 눈을 감았다. 한참을 지났을까, 눈을 뜨고 다시 살짝 내다보니 할머니는 아직도 옷을 추스르고 계신다. 옷자락을 몸

여기저기 꽁꽁 싸매고 얼굴엔 털목도리를 칭칭 두르시며 바깥 추위에 대비하시느라 손길을 분주하게 움직이고 계셨다. 천천히 그리고 꼼꼼하게!

나는 종종 이런 할머니의 모습을 마치 영화의 한 장면처럼 생생히 그려 보곤 한다. 할머니는 손주를 위해 이런 모진 겨울을 열이레 해나 감당하셨다. 할머니와 함께한 소소한 일상의 시간이 속속 아스라이 펼쳐진다. 그럴 때마다 눈자위가 붉어지다가 눈가엔 눈물이 번지고 눈동자는 어느새 호수가 된다.

마지막으로 떠올리고 싶은 즐거운 장면들이 있다. 가족과 함께 유럽 이곳저곳을 다닌 기억이다. 회사 연수프로그램에 참여차 온 가족이 일 년 동안 영국에서 생활하게 되었다. 틈틈이 차를 이용해 유럽을 세 차례나 여행할 수 있었다. 스페인, 중부 유럽 그리고 북유럽까지. 내 인생에서 가장 짜릿하고 즐거웠던 경험이었다. 마드리드에서 카메라가 든 가방을 잃어버리고 베로나에서 자동차가 고장 났던 아찔했던 순간도 있었지만, 스페인 지중해변 도시 말라가의 평화로운 전경과 이탈리아의 옛 수도원을 개조하여 만든 숙소의 신비로운 분위기, 그리고 5월에도 설벽(雪壁)에 싸인 노르웨이 산악지대 도로의 장면들은 지금도 가슴을 뛰게 한다. 여행하면서 가족들과 먹고 구경하며 사진 찍고 즐기던 기억들은 생각할 때마다 도파민이 퐁퐁 솟아난다.

이런 순간은 가뭇 사라져 버렸지만 기억은 내 가슴속 깊은 어딘가에 켜켜이 쌓여 있을 터이다. 아마도 내 영혼이 존재하는 한 영원히 함께할 것이다.

나는 앞으로 다정한 성찰과 작은 깨달음을 담은 글을 얼마나 더 쓸 수 있을까? 또 내가 꼭 읽고 싶은, 감동과 환희를 줄 아름다운 책은 몇 권이나 더 볼 수 있을까? 사랑하는 손녀 예린이의 해맑은 웃음을 몇 번이나 더 경험할 수 있을까?

남은 시간에 대한 아쉬움은 여기서 그칠 줄을 모른다.

아들 진호의 라이브 공연을 감상하며 가슴 뛰는 순간은 몇 번이나 더 경험할 수 있을까? 나와 일생을 같이한 반려자의 다정한 손길은 몇 번이나 더 느낄 수 있을까? 그리고 언제 감상하더라도 멋진 명국을 몇 판이나 더 볼 수 있으며 언제 봐도 다정하고 든든한 친구와 거리낌이 없는 대화를 과연 몇 번이나 더 나눌 수 있을까……. 꼬리를 물고 이어진다.

이런 아름다운 시간을 이대로 두고 갈 순 없다.

내가 이 세상에 온 목적을 제대로 이행하기 위해서도 여기서 멈출 수는 없다.

내 몸이 허용할 때까지 최대한 즐기고 싶다. 그리고 갈 때가 오면 죽음의 문턱에서 이렇게 얘기할 듯하다.

이 아름다운 곳에서

다정한 사람들과

향기로운 시간을 보내고

이제 고향으로 돌아갑니다.

고맙습니다!

감사합니다!

신을 감동시킨 사람들

여태 말로만 듣던 '거룩함'이나 '희생'의 진정한 의미를 온몸으로 절실히 느껴보게 된 것은 우연히 책에서 타이타닉호의 침몰에 관한 얘기를 읽고 나서였다. 궁금증이 더하여 인터넷의 도움을 받아 더 많은 사실을 알게 되었다. 처음엔 오래전에 영화로 본 기억이 있어서, 그렇고 그런 대형 사고이고 그 속에 남겨진 애틋한 사랑 얘기 정도로 가볍게 생각하였다.

그러나 숨겨진 이야기의 진면모를 알수록 점점 이야기 속으로 빠졌다. 이 이야기는 당시 생존자인 부선장 래히틀러 씨가 오랜 세월 침묵 끝에 드디어 사고 당시의 이야기를 공개하여 알려진 사실이다. 그는 이등 항해사로서 구조된 승객을 책임지기 위해 선원 중 유일하게 구조된 승무원이었다. 그의 이야기를 간추려 정리해 보았다.

1912년 4월 14일은 공포의 날이었다. 타이타닉호가 빙산에 부딪혀 침몰해 1,517명이 사망했고 탑승자의 31.8%인 706명만이 침몰 직전 구명보트에 탑승하여 목숨을 구했다. 구명보트에 자리가 부족해 여자의 74%, 어린이의 52%가 구조되었고 반면에 남자는 20%만이 구조되었다. 남성들의 희생을 요구하는 해상 규칙은 없었지만,

선장은 침몰을 앞두고 여성과 아이들 그리고 1등석 승객들을 우선 구조하라는 방침을 세웠다. 하지만 실제로는 1등석 남성의 70%와 많은 여성 승객이 부부 또는 혼자 남아 있기를 고수하며 죽음을 선택했다고 한다. 그중 감동 사례 몇 가지를 음미해 봤다.

〈사례 1〉

일등석에 타고 있던 메이시(Macy's)백화점 창업자 슈트라우스 씨(67세) 부부(세계 2번째 부자)는 첫 번째로 구명정에 탈 수 있었지만, 침몰하는 배에 남는다. 보트 책임 선원이 그에게 '누구도 어르신이 보트에 타는 걸 반대하지 않는다.'라며 탑승을 권했지만 그는 단호하게 말했다. "다른 남성들보다 먼저 보트에 타라는 제의는 거절하겠습니다."라며 생사의 순간에도 초연한 모습을 보였다.

부인 로잘리 씨 역시 "당신이 가는 곳에 항상 같이 갔어요. 세상 어디든지 당신과 함께 가겠어요."라며 남편을 두고 배에 오르는 것을 완강히 거부하였다.

결국 슈트라우스 부부는 서로의 팔을 꼭 잡고 서서히 기울어져 가는 갑판 위의 의자에 앉아 최후의 순간을 기다렸다. 현재 뉴욕 브롱크스에 슈트라우스 부부의 기념비에 이런 글귀가 씌어 있다고 한다.

'바닷물로 침몰시킬 수 없었던 사랑'

〈사례 2〉

그리스 로잔의 생존자 모임에서 스미스 부인이 자신에게 자리를 양보한 여성을 회고하며 이렇게 말했다.

“당시 제 두 아이가 구명보트에 오르자, 만석이 되어 제가 탈 자리는 없게 되어 버렸어요. 망연자실하고 있었는데 이때 한 여성분이 앉아 있던 구명보트 자리에서 벌떡 일어나더니 저를 구명보트에 끌어당기면서 말했어요. ‘올라오세요. 아이들은 엄마가 필요합니다.’”

이 대단한 여성은 이름을 남기지 않았다.

사람들은 그녀를 위해 ‘이름 없는 어머니’ 기념비를 세웠다고 한다.

〈사례 3〉

승객들을 대피시키던 선원 한 명이 애스터 씨에게 보트를 타라고 하자 그는 한 치의 머뭇거림도 없이 거절하였다. “사람이 최소한 양심은 있어야 하지 않겠습니까?”라고 하면서 마지막으로 남은 한 자리를 곁에 있던 한 아일랜드 여성에게 양보하였다. 그는 타이타닉호 10대도 만들 수 있는 자산을 가진 부호였지만 살아남을 수 있는 모든 기회를 거절했다.

애스터 씨는 임신 5개월 된 아내를 구명보트에 태워 보내며 갑판 위에 앉아 한 손에는 강아지를 안고 다른 한 손에는 시가 한 대를 피우면서 멀리 가는 보트를 향해 외쳤다.

“사랑해요, 여보!”

래히틀러 씨가 진술한 회고록에는 이 밖에도 여러 감동적인 사례가 더 있었다. 희생자 중에는 억만장자, 저명 언론가, 육군 소령, 저명 엔지니어 등 사회의 저명한 인사가 많았지만 이들은 한결같이 곁에 있던 부녀들에게 자리를 양보했다고 한다.

또한 타이타닉호의 주요 승무원 50여 명은 구조를 책임졌던 항해사 래히틀러 씨를 제외하고 모두 다 자리를 양보하고 배와 함께 생을 마감했다. 승무원 중 통신사 존 필립스 씨는 새벽 2시 각자 피하라는 명령을 받았지만, 전산실에 앉아 마지막 순간까지 'SOS'를 입력하며 자신의 보직을 떠나지 않았다.

아마도 아직도 우리에게 알려지지 않은 숨은 사례는 훨씬 더 많을 것으로 짐작이 된다.

나는 이 이야기를 접하고 한동안 멍했다. 그리고 절감했다.

'거룩하고 숭고한 희생'이라는 것이 바로 이런 걸 가리키는 것이구나!

또한 '노블레스 오블리주(Noblesse Oblige)'라는 사회적 상위 계층이나 권력자들의 사회적 책임의 참뜻이 바로 이런 거였구나! 바로 이런 숭고한 정신이 오늘의 미국을 만든 것이었음을 깨달았다.

나의 가슴을 가장 흔들었던 장면들을 또다시 차근차근 음미해 보고 싶다.

우선, 인간이 이런 절체절명의 순간에 과감히 자신의 목숨을 타인에게 양보하는 일이 과연 가능한 일인가? 최우선으로 구명보트에 탈 수 있었던 1등석 남자 승객의 70%가 타인에게 자리를 양보하고 죽음을 선택했다는 사실에 경외감이 들지 않을 수 없다. 노년에 접어든 나 역시 쉬 결정하기 힘든 거룩한 일일 듯싶다. 성 프란체스코 성인이나 달라이 라마, 테레사 수녀 같은 사람도 잠시 고통스러워할 만한, 쉽지 않은 결정이 아닐까?

무엇이 이들이 이런 결정을 하게 만들었을까?

그건 바로 사랑이었다!

선미가 물에 가라앉기 시작했을 때 삶과 죽음의 마지막 순간, 사람들은 서로에게 외쳤다.

"당신을 사랑해요! 당신을 사랑해요!"

예수님이나 부처님 같은 성인들만 가능하다고 생각한 바로 지고지순한 사랑 때문이었다. 성인이 아닌 인간도 이런 성스러운 거룩한 사랑을 실행할 수 있구나! 마음만 낼 수 있다면.

무엇보다도 감동적이었던 장면은 〈사례 2〉에서 보여 준 어느 '이름 없는 여인'의 행동이었다. 자신의 목숨을 두 아이의 엄마에게 기꺼이 내맡긴 여인이야말로 참으로 관세음보살의 화신이 아닐까? 한 점의 에고도 남기지 않고 버리고 그 자리에 사랑으로 충만한, 진정한 자비를 실천하였다. '아이에게는 엄마가 필요하다.'라는 말에 나의 온 감각은 전율했고 숨이 멎는 듯했다. 눈망울엔 환희의 눈물이 고인다. 무슨 말로 이 감정을 표현할 수 있을까.

마지막으로 내가 주목한 장면은 〈사례 3〉의 애스터 씨의 여유로움이다. 아내를 구명보트에 태워 보내며 갑판 위에 앉아 한 손에는 강아지를 안고 다른 한 손에는 시가 한 대를 피우면서 멀리 가는 보트를 향해 '사랑해요, 여보'라고 말하는 순간이다. 마치 내가 온 세상의 주인인 양 말이다. 이 장면을 상상해 보며 그를 내가 그리는 가장 이상적인 주인의 모습으로 떠올렸다. 내가 사랑하는 글귀 '주인은 결코 서두르지 않는다.'를 가장 완벽하게 보여 주는 장면이었다. 그는 진정 '주인의 삶'을 살았다.

이런 순간들을 신이 봤다면 어떤 반응을 할까?
아마 신까지도 감동하며 이런 말을 하지 않았을까?
"와우! 이런 인간도 있었나? 이제 내 자리를 흔쾌히 물려주어야겠네!"

한편으로 이 이야기를 보며 약 십 년 전 우리나라에서 있었던 세월호 참사가 떠올랐다. 사건의 정황은 다르지만 유사한 해상 참사이기에 비교가 되지 않을 수 없다. 사업가의 양심, 직업 윤리나 정의감 그리고 사건 처리 과정에서의 사회고위층이 보여 준 책임과 도덕의식 등에 있어서 그들과 비교할 때 아쉬움이 남는 건 어쩔 수 없다.

이제는 과거의 수치를 털어 버리고 더욱 성숙하고 밝은 미래를 상상해 본다.

이름을 붙인다는 것은

지구상에 존재하는 동식물과 무생물을 포함한 모든 대상에는 이름이 붙어 있다.

이름을 붙인다는 것은 어떤 의미가 있을까?

이름은 한 개체를 다른 개체와 분별하여 다름을 인식하기 위해 인위적으로 붙여 놓은 딱지와 같은 게 아닐까? 한 개체의 구조적, 기능적 특징이 모여 개체군을 이루고 나아가 종을 이룬다. 개체군이나 종은 하나의 이름으로 명명하고 그 안에 개념이 자리를 잡는다. 동일한 이름을 가진 수많은 개체들은 같은 명찰을 달고 하나의 똑같은 개체인 듯 인정받고 개념은 지워질 뿐, 각 개체가 지닌 독특한 개성은 이름이라는 우산 속에 묻혀 버린다. 이로 인하여 우리는 자주 각 개체들 본래의 고유한 개성을 있는 그대로 보지 못하게 되기도 한다.

본래 한 생명체를 어느 한 이름이나 몇 가지 특징으로 한정 지울 수 있을까? 이름은 인간이 편의상 구별하여 관리나 통제가 용이하도록 한 것일 뿐이다. 오직 인간만을 위한 극히 인간 중심적인 목적에서 비롯되었다고 하지 않을 수 없다.

또 한편으로 이름이라는 분별로 인해 더욱 문제가 되는 것은 각 개체 생명의 바탕인 공통적인 본성의 큰 그림을 자주 놓쳐 버린다는 사실이다. 우리는 오랫동안 인간, 개, 말, 새, 나무 등 각각 생명에 붙여진 각각 다른 이름들에 길들여져 무의식적으로 사물=이름이라는 등식에 매몰되었다. 사물의 본질보다는 이름이라는 껍데기에 더 정신이 팔려 버렸다. 그래서 본래 이 생명들은 우주의 한배에 탄 형제들이며 모두 하나로 연결되어 있다는 보다 높은 차원의 본질적인 것은 쉬 망각하게 된 것이다.

눈앞의 미시적인 부분들에 정신이 팔려 눈에 보이지 않는 보다 큰 본질은 보지 못한다고나 할까? 이것은 마치 우리가 눈앞의 작은 움직임만 볼 뿐 현재 지구의 자전이나 공전궤도 위를 타고 있다는 큰 그림은 까맣게 잊고 있다는 사실과 다르지 않다.

나는 그동안 주위의 대상을 열린 감각으로 바라보며 지금 여기, 있는 그대로를 수용하고 교감하였던가, 묻지 않을 수 없다.

산책하면서 꽃, 나무, 새, 그리고 반려견을 볼 때마다 이들의 본질보다는 이름을 아는 것이 이들을 더 잘 이해하고 아는 것으로 착각하지는 않았나, 돌아본다.

얼마 전 산책길에서 하천가 벚나무 위 예쁜 새 한 마리와 맞닥뜨리게 되었다. 끊임없이 재잘거리는 소리에 가슴이 뛰었다. 문득 뇌에서는 새의 이름이 직박구리인지 딱새인지 헷갈림으로 부산했다. 나는 연신 고개를 갸우뚱거리며 이름을 찾기 위해 고심한다. 어느새 가슴의 설렘은 가뭇 사라지고 오지 이름 찾기에만 골몰하였다. 산책에서 돌아와서는 이름을 알기 위해 인터넷을 뒤지고 동식물 백과사전을 들척이며 부산을 떨지 않았던가? 알수록 더 사랑하게 된다고 생각해서였을까?

내가 대상에 대한 이름과 특징 등 지식에 더 많은 관심을 가질수록 대상을 향한 감각의 문은 좁아지고 의식은 무뎌졌다. 나는 매 순간 접하는 대상을 있는 그대로 새롭게 받아들이지 못했다. 대상을 지식의 언어로 분별하고, 세상이 정해 놓은 틀과 패턴에 따라 범주화하고, 나의 제한된 관점으로 대상의 의미를 부여하고 판단했던 것이다.

이제는 대상의 껍데기에 대한 사랑보다는 본질을 더 사랑해야겠다고 다짐해 본다.

많은 동물과 함께 목장에서 살고 있는, 독일의 철학자이자 음악가인 저자가 쓴 글이 가슴에 깊은 울림과 공감을 준다.

> 존재하는 것에 왜 이름을 지어 주는가?
> 신은 이름이 없고 이 길도 이름이 없다. 당신 자신의 가장 깊은 본질도 이름이 없다. 그리고 이름이 없을 때 당신은 자유를 경험한다. (중략) 이름이 없으면 싸움도 없다. 우리 마음 속 공간에는 이름이 없다. 그 공간에서 경험하게 되는 것들은 본질적으로 설명할 수도 없고 경계도 없다. 투명하고도 열린 공간은 곧 순수한 현존, 현재성이다.
> (출처: 디르크 그로서, 《삶과 사랑에 빠진 아이처럼》, 추미란 역, 샨티, 2023)

이름과 관념에 얽매이지 않고, 열린 감각으로, 있는 그대로를 볼 때 비로소 우리는 진실의 문에 한 걸음 더 가까이 갈 수 있을 것이다.

영혼의 관점에서

'영혼의 관점에서'란 말은 스피노자의 《에티카》에 나오는 말이라고 한다.

그는 우리의 고통과 실망을 '영원의 관점'으로 바라보라고 한다. 우주의 먼 별에서 지구를 내려다보듯이 지금 나를 힘들게 하는 것들을 바라보면 어떻게 보일까? 마치 인간이 땅 위에 기어다니는 개미의 고통을 보듯 하지 않을까. 아마도 공감은커녕 한 치의 느낌도 없을지 모른다.

스피노자는 우리의 삶을 이끄는 고상한 목적 같은 건 없다고 한다. 더 나아가 자유의지 따위조차도 없다고 한다. 우리는 자유의지에 따라 선택하고 계획하는 것이 아니라 나에게 강한 기쁨을 주는 외적 원인에 이끌려 욕망이나 충동이 결정한 것을 따를 뿐이라고 한다. 세계는 그저 필연적인 인과관계를 통하여 목적도 없이 무한히 펼쳐지는 것이고 모든 것은 신의 본성의 필연성에 의해 일정한 방법으로 존재하고 작용하게끔 결정되어 있다고 한다.

그동안 당연하게 사실로 믿어 왔던 '자유의지'라는 것이 결국 착각이라니!

수십억 년 동안 인간으로 진화하면서 심어진 DNA와 외부적 환경과 조건에 따른 필연적 결과일 뿐, 진정한 자유란 존재하지 않는 것인가? 그렇다면 나는 원하는 것을 내 자유의지에 따라 한 게 아니었다.

나는 스피노자의 말이 진실인지 거짓인지 모른다. 확인할 수도 없다. 하지만 그의 말을 믿고 싶다. 그가 생전에 한 말이나 행동을 보고 신뢰하게 되었기 때문이다. 그의 말대로 삶에 아무런 목적이나 해야 할 임무가 없다면 세상은 지금과는 완전히 다른, 무질서한 아수라의 모습이 되어야 하는 게 아닐까, 아니면 스트레스 없는 자유로운 이상향의 세계가 펼쳐질까? 또한 스피노자의 말대로 모든 것이 신의 본성에 따라 존재하고 작용한다면 세상은 완벽한 모습이 되어야 할 것이다. 그런데 지금의 세상은 어떤가? 그 모습과 다르게 흘러가고 있지 않은가?

왜 그럴까? 탐욕과 무지로 인해 인간은 길을 잃고 헤매는 건 아닐까?

그래서 붓다 역시 본래의 청정무구한 마음에 탐, 진, 치 번뇌의 때가 끼었기 때문에 부단히 자신을 수양하여 본래의 마음을 찾아야 한다고 하지 않았을까.

이제 안개 속에서 문제를 풀어 줄 몇 가닥의 희미한 빛을 발견한 듯하다.

우주의 모든 생명체는 신의 본성에 따라 아무런 목적이나 의도도 없이 필연적인 인과에 의해 태어났으며 피조물은 주어진 신의 본성에 따라 저마다의 개성을 발휘하여 살아갈 뿐이라고 단순 명료하게 추론해 본다.

여기에 신의 개념은 스피노자의 신을 떠올려 본다. 인간이 작위적으로 만든 인격신이나 제일 원인자로서의 초월자가 아닌, 모든 것의 내재적 원인이자 결론인 자연법칙 같은, 인간의 머리로는 그릴 수 없는 그 어떤 것이 될 터이다.

또한 각각의 생명체는 목적이나 사명 따위는 없이 태어났으니 반드시 해야 할 의무나 책임 등 부담도 없다. 하지만 자기가 한 것은 필연적인 인과에 따라 고스란히 자신이 짊어지게 되는 것이니 내 마음대로 할 수는 없을 터이다. 그렇다면 결국 인과에 얽매이게 되어 자유롭지 못한 상태가 되지 않을까?

하지만 조금만 더 생각해 본다면 이러하기에 오히려 진정한 자유를 누릴 수 있다는 역설을 이끌어 낼 수 있을 듯하다. 내가 한 것에 대해서 기꺼이 책임을 진다고 한다면 완전한 자유를 누릴 수 있지 않을까? 나에게 주어진 신의 본성대로, 내면의 소리에 따라 마음껏 개성을 발휘하는 나는 자유이자 또한 가능성이다. 이건 엄청난 축복이요, 기적이 아닐 수 없다. 내가 해야 할 유일한 일은 한배에 타고 여정을 함께하는 뭇 생명들과 조화롭게 공생하며 주어진 생명을 즐겁게 향유하는 것일 뿐이다. 지나친 욕심 없이, 서로를 존중하고 배려하면서.

행복은 내가 하고 싶은 일을 성취했을 때 얻게 되는 만족스러운 감정이다. 내가 스스로 할 수 있는 역량이 제한되어 있다면 내 역량에 맞는 목표를 설정하는 것이 현명하다. 소박하지만 성취했을 때의 기쁨을 만끽할 수 있으면 된다. 살다 보면 커다란 목표를 만날 수도 있을 것이다. 비록 실패하더라도 나의 능력과 현실을 직시하며 "그럴 수도 있지" 하면서 툭툭 털고 일어설 수 있으면 될 것이다. 내가 기꺼이 행복을 원한다면 말이다.

스토아 철학에 따르면 우리가 울고 화내는 이유는 단순히 실패해서가 아니라 성공하리라는 기대와 성공에 대한 지나친 열망 때문이라고 한다. 그러니 기대는 작게, 작은 성공에도 감사하는 태도가 곧 행복을 불러오는 비결일 것이다. 우리가 이런 삶을 산다면 내가 궁극적으로 지향하는 행복, 스스로 만족하는 삶은 애쓰지 않아도 자연스럽게 얻어질 것이다.

한편으로 인간은 욕망덩어리로 빚어진 존재다.

욕망은 생존의 필수적인 에너지요, 삶을 창조하는 힘이다. 반면에 인간은 주어진 개성을 마음껏 발휘할 수 있는, 무한한 가능성을 가진 존재이기도 하다. 그렇다면 나의 본성인 욕망을 자유롭게 펼쳐 나가는 삶이야말로 우리가 지향해야 할 이상적인 모델이 아니겠는가. 다만 목표는 무리하지 않고 역량에 맞게, 기대는 넘치지 않고, 그리고 서두르지 말고!

영혼의 관점에서 볼 때 우주의 티끌과 같은 존재이면서 무한한 가능성으로 자유롭게 욕망을 펼칠 수 있는 우리야말로 세상의 주인이자 신이 아닐까?

나의 신념

나는 하나의 소우주를 다스리는 신이다.

인간의 머릿속에서만 존재하는 관념상의 신이 아니라 지금 여기, 현존하는 신이다.

소우주를 책임지는 캡틴으로서 마음과 감각의 문을 활짝 열고 자유롭게 사유하고 당당하게 행동한다. 나의 자유를, 온전한 평정을 방해하는 그 어떤 것도 없다. 내면의 소리와 밝은 이성, 그리고 따듯한 감성이 이끄는 대로 한 점의 두려움 없이 삶을 즐길 뿐이다.

신념이 한낱 단순한 구호에 그치지 않으려면 실행이 따라야 한다.

일상에서 어떠한 상황이 벌어지더라도 즉시 신념에 따른 행동으로 이어질 수 있도록 습관화하여야 한다. 이런 과정이 곧 수행이다.

매일 잠에서 깨어났을 때와 잠자리 들기 직전에 내면을 일깨우는 수행을 한다.

*** 최준배! 당신이 주인공이야!**

나는 삶의 주인으로서 오늘을 사랑과 감사로 충만한 멋진 하루로 만든다. 나는 원하는 모든 걸 할 수 있으며 현실은 내가 상상하는 것보다 훨씬 좋게 펼쳐진다.

나는 열린 가슴으로 세상에 긍정적이고 따듯한 에너지를 제공한다.

*** 모든 생명은 하나로 연결되어 있다!**

당신과 나는 즐기기 위해서 온 지구별 형제들이다.

신과 나는 각자 독립적인 개성을 가지고 자신만의 삶을 창조한다.

나는 당신의 삶을 존중하며 가능한 한 적극 응원한다.

*** 나는 지금, 여기에 집중하여 매시간 배우며 진화한다.**

나는 지금, 여기에 오롯이 집중한다.

나는 경이로움과 감사의 눈으로 세상을 보고 배운다.

나는 주어진 능력을 최대한 발휘하여 주위와 더불어 나눈다.

*** 나는 나를 사랑한다.**

나는 나를 100% 신뢰한다.

나는 매 순간 평정하고 여유로운 마음을 유지한다.

나는 몸과 마음의 행복을 최우선으로 선택한다.

슈베르트를 들으며

나,
이 꿈같은 세상 떠날 때
슈베르트의 이 곡 들려주오

인연들과 함께한
아름다운 시간을 떠올리며
가벼운 발걸음을 떼겠소

친구들!
아쉽지만 견뎌 내야 할 일이기에
부디 슬픈 얼굴 하지 마세요

먼 훗날
우리 서로
반갑게 다시 만날 것이기에

슈베르트의 〈Notturno op.148 D.897〉(일명 'Adagio')를 피아니스트 루카스 유센이 이끄는 네덜란드 쳄버 오케스트라의 훌륭한 연주로 감상한다.

유튜브에 올라와 있는 다른 연주보다 탁월하게 느껴진다.
이들은 결코 서두르지 않는다. 같은 곡이면서도 타 연주가 8분~10분 정도인데 이 연주는 무려 13분을 훌쩍 넘길 정도로 진중하다.

수많은 별에 둘러싸인 광활한 우주를 떠올린다.
시작부터 잔잔히 조심스럽게 내딛는 세 순례자의 발걸음은 범상치 않다. 성스러운 공간으로 순례자를 따라 발맘발맘 천천히 걸어 들어간다. 이 한 걸음 한 걸음이 내가 살아가는 과정이며, 이 순간의 경험은 최상의 기쁨이요, 순례자와 하나가 되는 영원 속 순간이다.
이 눈물겹도록 아름다운 영원의 순간을 어찌 몇 마디 말로 표현할 수 있으랴.

아름다운 추억들이 격정과 함께 파도처럼 밀려오더니 썰물처럼 사라지고 다시 평온을 되찾는다. 한바탕 꿈속에서 놀다가 때가 되어 종착에 이른다. 하지만 곁에서 지켜보고 있던 친구들은 모두 하나같이 환희의 순간에서 깨어나기 싫다는 듯 꿈쩍도 하지 않는다.

고요한 정적만 흐를 뿐, 사위는 고요하기만 하다.

한참 후 박수 소리에 꿈에서 깨어나 현실로 다시 돌아왔다.
모두 기립하여 손뼉을 친다. 환희의 소리가 콘서트헤보우홀을 오랫동안 뜨겁게 물들인다. 슈베르트가 이 연주를 들었다면 무덤에서 벌떡 일어나 순례자들을 끌어안고 감회의 눈물을 펑펑 쏟을 것만 같다.

서산대사의 시 한 수가 떠오른다.

… 삶이란 구름 한 조각 일어남이요
죽음이란 한 조각 구름 흩어짐이니
구름은 본시 실체가 없는 것
죽고 살고 오고 감이 모두 그와 같도다

3장 도전의 설렘

도전은 언제나 설렌다

얼마 전부터 가슴이 설레고 심장의 박동이 느껴지는 현상이 무척 잦아졌다. 다행히도 병 때문은 아니다. 상상할 때마다 머릿속에서는 도파민이 송송 솟아나고 동공이 서서히 열린다. 이 현상은 한 사람을 만나고 나서부터 비롯되었다.

날씨가 갑자기 추워져 기온이 한 자릿수로 떨어지던 늦가을 저녁, 그분을 만나게 되었다. 그는 파리에서 활동하는 중년의 피아니스트이다. 스무 해 전 홀로 파리로 유학하여 음악 공부를 한 끝에, 지금은 파리 시내에서 꽤 큰 피아노 아카데미 학원을 운영하고 있다. 만나기 전 그가 연주한 음악CD를 듣고, 운영하는 아카데미 학원 홈피에 들어가 봤다. 이것저것 묻고 싶은 게 많아서 빨리 만나 보고 싶었다.

드디어 반갑게 만나 인사를 나누고 가까운 카페로 들어갔다.

그는 이번이 두 번째 방한인데 많이 달라진 서울의 거리에 살짝 흥분된다고 하였다. 긴 머리에 수려한 외모, 밝고 또렷한 목소리가 인상적이었다. 전공은 다르지만, 같은 대학을 나온 동문이어서 친근하게 느껴졌다. 작곡가와 피아노 작품, 연주자 등 음악에 관한 다양한 주제로 활기찬 대화를 나눌 수 있었다. 대화를 나누다 보니, 대학 시절에 음악에 빠져 전공보다는 클래식 음악에 더 열정을 바쳤던 추억이 새록새록 떠올랐다.

아침 일찍 등교하여 음대 건물에 있는 피아노 연습실에 무작정 들어가 바이엘이나 하농 피아노 교재를 연습하고, 클래식 음악 감상 동아리 활동을 하던 때를 회상하며 내가 한마디 했다.

"지금도 때때로 피아노를 배우고 싶었던 그때의 열정이 불쑥불쑥 일어나기도 합니다. 하지만 현실적으로 실행은 힘들고 유튜브에 들어가 듣고 싶은 음악을 감상하는 걸로 만족하고 있지요."

나의 말을 듣던 그가 눈을 동그랗게 뜨고 대뜸 되묻는다.

"지금도 피아노에 대한 열정이 있으신데 왜 실행에 옮기지 못하죠? 우리 학원 수강생 중에는 여든다섯이 되신 어르신도 배우고 계시는데요. 여든이 되신 어느 할머니는 한 해 전, 평소 피아노를 즐기시던 남편분이 돌아가시자 홀로 힘들어하셨지요. 그런데 어느 날 거실에 덩그러니 놓여 있던 피아노가 자신을 보고 만져 달라고, 사랑해 달라고 하는 느낌을 받으셨답니다. 그래서 전혀 피아노를 못 치시던 할머니는 용기를 내어 배우게 되었는데 지금은 피아노를 통하여 죽은 남편과 교감하는 것 같아 너무 행복하다고 하셨어요."

이 말을 듣자 잠자고 있던 내면 아이가 화들짝 깨어났다. 그렇다면 나도 가능할까? 나이로 보면 평균 건강 수명이 앞으로 10년이나 남았는데 지금 시작해도 늦지는 않을 터이다. 이와 동시에 한 가닥의 먹구름이 고개를 들고 잿빛 말들을 쏟아 낸다.

"이전에 바이엘은 끝냈다고 하더라도 오래된 일이라 지금 시작한다면 완전 초보 단계부터 시작해야 할 터인데, 기초 이론과 운지법을 배워서 어느 세월에 내가 치고 싶은 곡을 제대로 칠 수 있겠나. 지금도 보고 싶은 책을 읽고 글 쓰고 또 음악을 듣고 바둑을 즐기며 바쁘게 살아가고 있는데 피아노 배울 여유가 어디 있겠어? 시간과 노력에 비해 가성비가 떨어지는 일이니 일찌감치 포기하는 게 어때?”

그는 나의 표정을 살피더니 내가 이런 생각을 하고 있다는 걸 알기나 한 듯 부드러운 눈빛으로 이렇게 대안을 제시한다.

“처음 배울 때 이론과 실기를 단계별로 차곡차곡 배우지 않아도 괜찮아요. 바이엘이나 체르니를 건너뛰어서 치고 싶은 한 곡을 정하여 그 곡만 집중하여 철저하게 연습하는 거지요. ‘조금씩 그리고 확실하게!’ 말입니다. 제가 그동안 우리 성인 수강생들을 지켜봐 왔는데요, 많은 것을 빨리 배워서 치고 싶은 조급한 마음 때문에 얼마 배우지 못하고 중도에서 포기하는 경우를 많이 봤어요. 처음 배울 때 무엇보다 중요한 것은 욕심부리지 말고 서두르지 않고 꾸준히 즐기면서 배워 나가는 거죠. 그래야 오랫동안 질리지 않고 생을 다할 때까지 10년, 20년 음악을 제대로 즐길 수 있게 됩니다.”

이 말을 듣는 순간 “아~ 바로 이거다. 유레카!” 가슴 깊은 곳에서 환호가 터져 나왔다. 하늘에서 한 가닥의 구원 밧줄이 나에게 드리워지는 느낌을 받았다.

그는 처음 배울 때 가슴에 새겨 두어야 할 조언도 빠뜨리지 않고 조곤조곤 짚어 준다.

"우리의 귀는 이미 프로 수준입니다. 유튜브나 공연장에서 프로의 훌륭한 연주를 많이 들어 왔기 때문이죠. 그래서 자신의 지지부진한 연주 실력에 쉬이 실망하게 되고, 그러다 보니 아마추어로서 대충대충 치는 것을 위안으로 삼게 됩니다. 그게 당연한 듯 말입니다. 하지만 저는 다르게 생각합니다. 전문 피아니스트가 아니더라도 욕심내지 않고 꾸준히 한 곡만이라도 집중해서 철저하게 연습한다면 프로처럼 연주할 수 있습니다. 나도 '연습하면 프로처럼 칠 수 있다.'라는 자세가 무엇보다 중요합니다, 이렇게 한 곡이라도 작곡가의 정신을 이해하고 깊은 내면의 감성과 공감하며 제대로 연주할 수 있을 때, 비로소 음악의 순수하고 지극한 맛을 체험할 수 있으리라 생각합니다."

나도 모르게 두 손에 힘이 들어가며 주먹이 불끈 쥐어졌다.

밝은 희망의 빛을 봤다. 이제 그동안 가슴속에만 묻어 두었던 꿈의 씨앗을 활짝 피울 수 있게 되었다.

이제 남은 것은 실행뿐이다. 당장 실행하기가 만만치 않을 것이다. '주책없다, 엉뚱하다'라는 주위의 따가운 시선을 견뎌야 할지도 모른다. 그뿐만 아니라 나의 의도에 공감하는 좋은 교습소 선생님을 만나야 하고, 매일 연습할 수 있는 환경도 갖춰야 한다. 비록 시간이 걸리더라도 이 씨앗을 반드시 발아시키고 싶다. 나의 마지막 버킷리스트가 될지도 모른다.

그와 대화를 끝내고 돌아오는 길의 발길은 가볍기만 하다. 힘들겠지만 아름다운 도전을 결정한 내가 자랑스럽다. 사랑스럽다. 나에게 기분 좋은 선물을 하고 싶었다. 세상에서 제일 맛있는 빵집으로 향하는 나의 가슴은 설렘으로 충만했다.

나의 도전은 급물살을 타고 진행되었다.

야심 찬 생각을 아들에게 살짝 비쳤더니 아이는 아빠의 도전을 적극 응원하겠다며 디지털 피아노를 덜컥 구입하였고, 나는 좋은 선생님을 찾기 위해 이곳저곳 동네를 기웃거렸다. 행복한 설렘이 온몸을 감싸고 흘렀다.

피아노가 집 안에 들어온다면 큰아이가 결혼 전에 쓰던 방에다 두고 나의 전용 음악실을 꾸미고 싶다. 지금은 오디오를 처분하여 없지만, 시간이 흘러 여건이 된다면 조그마한 오디오 세트도 마련하여 레이지보이 안락의자에 편안하게 몸을 기대고 음악을 감상하는 나를 그려 본다. 그동안 꿈만 꾸어 오던 또 하나의 세계가 펼쳐진다.

새로운 도전의 열정으로 체온이 상승하고 있던 그때, 때맞춰 수능이 치러졌고 언론에선 이번 수능 시험에 도전한 최고령자 김정자 어르신에 대한 인터뷰 기사가 여기저기 보도되고 있었다. 올해 83세인 어르신은 5년 전부터 한글부터 배우기 시작하여 마침내 여고를 졸업하고 수능에 도전하게 되었다고 한다. 대학을 졸업한 딸을 두었는데 공부하여 미국에 살고 있는 손주들하고 프리토킹하고 싶다고 했다. 어르신은 인터뷰에서 "배워도 자꾸 잊어버리겠지만 건강이 허락할 때까지 연필을 놓지 않겠다."라고 당당하게 말씀하셨다.

감동이었다. 그렇다!

이 한 번뿐인 삶을 빈둥빈둥 낭비하며 살 순 없다. 세상이 원하는 대로가 아니라 내가 진정으로 하고 싶은 것을 마음껏 하며 한 점의 후회도 남기지 않고 완전 연소하는 삶을 살아야겠다.

도전의 고삐를 더욱 단단히 잡기 위해 상상의 나래를 펼쳐 미래 나의 모습을 눈에 보일 듯 그려 본다. 지금부터 1년 후쯤 내가 젊었을 때부터 간직한 로망인 〈아드린느를 위한 발라드(Ballade Pour Adeline)〉를 완벽하게 암보하여 연주하는 모습이다. 생각만 해도 가슴이 벅차오른다. 또다시 심장 박동이 빨라지고 눈시울이 붉어진다.

이어서 또 한 장면을 떠올려 본다.

손녀 예린이가 초등학교에 입학할 즈음, 예린이가 말한다.

"할아버지! 피아노 쳐 주세요. 저는 할아버지 피아노 칠 때가 제일 멋져요!"라며 엄지척을 보낸다. 곁에서는 그동안 쓸데없는 짓 한다고 눈총을 주던 아내가 빙그레 웃으며 부드러운 눈길을 주고 있다.

이게 과연 가능할까?

모든 게 나에게 달려 있다.

도전은 언제나 설렌다.

피아노 수련 일기

'23. 11. 27.

레슨 첫날이다. 가을의 끝자락에서 겨울을 재촉하는 쌀쌀한 날씨에 이슬비가 촉촉하게 대지를 적신다. 나무들은 보듬어 왔던 잎새들을 다 떨구고 홀가분하게 하늘의 단비를 맞이한다. 나 역시 겨울의 상큼한 기운을 느끼고 싶어 우산 없이 비를 맞으며 연습실로 향했다. 레슨은 매주 월요일 오전 열 시 반부터 30분 진행하되 레슨 후 연습실에서 열두 시까지 자유롭게 연습하기로 했다.

시간에 맞춰 문을 열고 들어서니 단정한 옷차림에 깔끔한 인상의 선생님이 환하게 웃으며 반기신다. 내가 치고 싶은 곡 〈아드린느를 위한 발라드〉 악보를 치기 쉬운 버전으로 미리 준비해 놓고 계셨다. 음악에 관한 기본 지식을 간단히 확인한 후, 내가 40년 동안 피아노 건반을 만져 보지 못했다고 하니까 그러면 기초 체력을 튼튼히 익히기 위한 교재를 병용하는 게 좋겠다고 하신다. 보충 교재가 선정되었고 레슨에 들어갔다.

흰 건반으로만 이루어진 12마디 연습곡인데 처음 건반을 만지는 손길이 살짝 떨린다. 단순한 음표인데 손가락 번호를 헷갈려 짚을 뿐 아니라 양손의 동시 타건(打鍵)도 만만치 않다. 몇 번을 반복해도 내가 원하는 깔끔한 소리가 들리지 않는다. 선생님은 긴 공백 기간을 거친 학생치고는 잘한다고 칭찬하지만 말이다.

레슨 시간이 순식간에 흘러가고 나는 연습실로 자리를 옮겨 혼자 연습에 몰두한다. 오늘 배운 교재 8마디와 발라드 첫 2마디만 집중하여 반복 학습 한다. 약 한 시간 이상을 연습했는데 아직도 서툴다. 내가 좋아서 하는 것이니 긴장하거나 조급해하지 않기로 한다. 오늘보다는 내일이, 내일보다 모레, 이렇게 조금씩 내가 연습한 만큼 더 소리가 좋아질 것이다. 피아노는 거짓말을 하지 않는 정직한 친구임을 믿기 때문이다.

어제 집안에 들여온 디지털 피아노는 어댑터를 새로 구입해야 하는 문제로 아직 소리를 들어 보지 못했다. 설치할 위치도 정하지 못해 거실에 임시로 놓아두었다. 첫날부터 따뜻한 환영을 해 주지 못해 이 친구한테 살짝 미안했는데 오늘 오후 드디어 친구가 제자리를 잡게 되었다. 어젯밤에는 혼자 썰렁한 밤을 보내게 했으니 얼마나 무서웠을까. 하지만 이제부터 나의 따뜻한 손길로 자주 어루만져 줄 터이니 안심해도 좋을 듯하다. 이 친구도 그걸 아는지 왠지 부드럽게 느껴진다.

'23. 11. 29.

아침 일찍 도서관에 가서 책을 읽다가 점심을 먹고 아내를 수원 예린이네로 데려다주고 다시 도서관에 가려다 멈칫했다. 피아노를 치고 싶었다. 평소 습관대로 움직이려는 몸의 방향을 살짝 비틀어

집으로 향했다. 누구의 방해도 받지 않고 오롯이 나만의 자유로운 시간을 피아노와 함께 즐기고 싶었다.

두 손가락이 오늘도 제자리를 찾지 못하고 더듬거린다. 그래도 얼굴에는 미소가 빙그레 피어난다. 비록 서투르고 더듬거리더라도 사랑하는 피아노와 함께하는 시간이 마냥 좋다. 피아노에는 의식이 없지만 나는 또 한 명의 연인으로 받아들이고 싶다. 비록 지금은 이 친구의 잠재력을 충분히 발산시킬 수 없다고 하더라도 점차 알아 가면서 친구의 진면모를 발견하게 될 터이다.

프랑스의 철학 교수이자 아마추어 피아니스트인 작가는 책에서 아마추어가 연주하는 곡은 매끄럽고 아름다워서가 아니라 틀리고 더듬거리기 때문에 아름답다고 하면서 이렇게 아마추어리즘에 대해 말한다.

> 아마추어리즘은 어설프게 연주하는 것을 일부러 의도한 미학인 양 포장하지 않는다. 미숙한 연주를 있는 그대로 받아들이고도 충분히 예술로 정의될 수 있기 때문이다.
>
> (출처: 프랑수아 누델만, 《건반 위의 철학자》, 이미연 역, 시간의흐름, 2021)

또 그의 책 속 피아노를 사랑했던 세 명의 철학자 얘기는 인상적이다.

먼저 실존주의 철학자 사르트르의 경우 그에게 피아노는 현실 세계와 상상의 세계를 잇는 다리이자 그를 특별한 시공간으로 이끈 또 하나의 카렌시아(querencia)였다. 그는 재즈피아니스트를 꿈꾸며 삶 속에서 피아노 연습을 게을리하지 않았다고 한다.

다음은 철학자 니체의 피아노 사랑 이야기다. 놀라운 연주 실력을 보유했고 생전에 70여 곡을 작곡하기도 했던 그는 우울과 방황으로 정신병원에 갇혀 생을 마감할 때까지 쇼팽을 연주하며 피아노를 떠나지 않았다고 한다. 그에게 피아노는 병든 육체와 영혼을 정화하는 하나의 의식이었다.

마지막으로 슈만을 사랑했던 프랑스의 철학자 롤랑 바르트다. 그는 아마추어 피아니스트로서 음악을 진정 순수하게 사랑하고 즐기며 지극한 행복을 느꼈다고 고백한다. 그에게 피아노는 기쁠 때나 슬플 때나 평생을 함께하는 친구로서 진정한 피아노의 연인이었다.

그리고 피아노는 아니지만 과학자 아인슈타인도 진정 음악을 사랑했다고 한다. 그는 어릴 때부터 바이올린을 켜 왔는데 정말로 음악을 배우기 시작한 것은 13세 무렵 모차르트 소나타와 사랑에 빠진 후였다고 고백했다. 그는 "모차르트의 음악은 너무 순수하고 아름다워서 우주 내면의 아름다움이 반영된 것 같다."라고 말할 정도로 모차르트의 음악을 사랑했다고 한다.

'23. 11. 30.

며칠째 아침 기온이 영하로 뚝 떨어졌다. 동장군이 매운맛을 살짝 드러내 보여 준다. 비록 몸은 움츠리게 되지만 정신은 쾌재를 부르며 좋아한다. 내면 에너지를 맘껏 발산할 기회라고 생각하는 듯하다. 왜냐하면 그동안 나를 성장시키고 성취감을 맛보도록 했던 계절은 거의 겨울이었기 때문이다.

진정 내가 누구이며 어떻게 살아야 하는가, 라는 물음에 고뇌하고 방황하던 대학 시절에 도서관에 파묻혀 스피노자의 《에티카》, 칸트의 《실천이성비판》, 라마나 마하리시의 《나는 누구인가》를 읽었던 것도 바로 겨울방학 때였고, 모친이 돌아가시고 열악한 환경에서 고통과 우울의 늪에서 나를 건져 냈던 것도 한겨울 단칸방에서 치열하게 들었던 베토벤의 〈크로이체르 소나타〉, 브람스의 〈피아노협주곡 2번〉 그리고 라흐마니노프의 〈피아노 협주곡 3번〉 곡이었다.

이런 연유로 겨울은 나에게는 남다르다. 겨울은 내면에 더욱 집중하게 하는 기특하고 고마운 계절이다. 문득 한겨울 눈 덮여 발길이 끊어진 고요한 밤, 외딴 초가집에서 호롱불을 밝히고 허리를 곧추세워 낭랑하게 책을 읽는 선비의 모습이 그려진다. 곧이어 그 선비의 자리에 피아노 치는 한 남자의 모습이 오버랩된다.

'23. 12. 1.

오늘은 아침의 피아노와 교감하였다.

그동안 오후 시간에만 접하다가 모처럼 아침의 피아노와 만나고 싶었다. 간단히 눈 맞춤을 하고 약 30분 정도 반복 학습을 했다. 어제보다는 살짝 더 부드러워진 느낌을 받았다. 내가 피아노를 사랑하는 것만큼 이 친구도 마음의 문을 여는 것 같다.

어제 책에서 감동적인 글을 봤다.

5년여 전에 개봉된 한국 영화 《그것만이 내 세상》에 출연한 배우 박정민 씨의 이야기다. 박 씨는 극 중에서 서번트증후군을 가진 진태 역을 맡게 되었는데, 진태는 뇌 기능 장애로 인해 사회성이 떨어지고 의사소통 능력이 낮았지만, 피아노만은 천재적인 재능을 가졌다. 박 씨는 진태 역을 대역 없이 수행하기 위해 난생처음 피아노를 배우게 되었다고 한다. 그래서 시나리오에 나오는 쇼팽 즉흥곡, 베토벤 소나타, 모차르트 협주곡 등을 배우지 않으면 안 되었는데 6개월 동안 하루 6시간씩 하루도 빠짐없이 연습했다고 한다.

그 결과 어떻게 변했을까? 놀라지 마시라!

대역 없이, 손가락만 화면에 잡히는 일도 없이, 피아노를 연주하는 한 사람의 모습을 오롯이 영상에 담는 쾌거를 거둘 수 있었다.

와우~ 감동의 물결이 온몸으로 전해 온다. 어떻게 이런 일이!

왕초보가 6개월 만에 베토벤 소나타를 칠 수 있었다니, 소름이 돋는다. 비록 이 기적에 배우 박정민 씨의 재능이 한몫했을 수도 있겠지만 꾸준한 노력 덕분이 아닐까? 뭔가를 하고자 하는 열정과 그것을 실현하는 노력만 있다면 뭐든지 가능한 것이었다. 영혼과 육신의 절묘한 조회로 이룬 대단한 성과였다. 영혼이 위대한 일을 이룰 수 있도록 하는 것이 육신의 에너지이기 때문이다.

나에게도 한 가닥 가능성의 빛이 엿보인다.

나 역시 마음만 먹으면 하루 한두 시간 정도는 연습할 수 있을 터이니 말이다.

'23. 12. 10.

어제 2시간 이상을 피아노 친구와 함께 노닥거렸다. 그동안 그렇게도 친구의 진심을 몰라 헛다리만 짚어 대던 내가 이제 조금씩 친구의 마음을 이해하고, 친구 역시 자신의 마음을 양파 껍질 벗기듯 한 꺼풀씩 열어 가는 듯싶다. 친구와 내가 만난 건 보름 전, 직접 대화를 나눈 시간이 10시간도 채 되지 않았으니 그럴 만도 할 터이다. 앞을 가로막고 있던 난공불락 같은 벽 한쪽에서 실낱같은 틈새가 살짝 보이더니 서서히 살얼음 깨지듯 균열이 주위로 전해진다.

엊그제는 대학 동문 H가 내가 늘그막에 피아노를 치기로 했다니까 자신이 3년 전 책 한 권을 읽고 블로그에 올려 놓았던 글 한 편을 응원차 보내 왔다.

내용은 세계적으로 권위 있는 영국 신문 《가디언(The Guardian)》 지에서 약 20년을 편집장으로 지낸 사람의 피아노 도전기였다. 그는 《다시, 피아노(Play It Again)》라는 책을 썼는데 아마추어 피아니스트로서 그가 바쁜 일정의 업무에도 〈쇼팽 발라드 1번 op.23〉 연주에 도전하는 이야기다. 그는 음악 애호가였지만 대학 졸업 후 음악과 떨어져 살다가 57세 때 한 아마추어 피아니스트가 쇼팽 발라드 1번을 거침없이 치는 걸 보고 충격을 받고 다시 피아노를 배우기 시작했다. 그는 당장 목표를 세웠다. 1년 안에 쇼팽 발라드 1번을 연주하겠다는 당차고 도전적 목표를.

하지만 현실적 환경은 녹록지 않았다. 그해는 유난히 업무가 폭주하고 바빴다. 위키리스크 외에도 일본 대지진, 중동 혁명인 아랍의 봄, 오사마 빈 라덴의 사살 작전 등 세계적 이슈가 넘쳐 났다. 그러나 그는 쉬이 물러서지 않았다. '하루 단 20분 연주'를 목표로 발라드 1번과 16개월의 노력 끝에 결국 작은 음악회를 열 수 있었고 수십 명의 지인 앞에서 연주를 해냈다.

참고로 쇼팽의 이 곡은 세계적인 피아니스트들도 연주하기가 여간 까다롭지 않고 해석하기가 난해한 곡이다. 그의 책 끝부분에 연습하면서 메모해 놓은 악보에는 운지 번호와 각 주제별 어떤 감정과 연주 테크닉으로 연주해야 하는지를 적어 놓은 깨알 같은 글씨가 있었다고 한다. 그의 쇼팽 발라드에 대한 열정과 집념이 얼마나 대단했는지를 가히 짐작해 볼 수 있다.

그의 피아노 열정에 비하면 나는 아주 빈약하게 보일지도 모른다. 하지만 나 역시 도전하기로 뜻을 세운 이상 쉬이 물러서진 않을 것이다. 아직 포기하기에는 너무 이른 한창 중년의 나이가 아닌가?

'23. 12. 15.

요즘 매일 1시간 정도는 꾸준히 연습하고 있다.

아침에 도서관으로 출근하면 오후 늦게 귀가하게 되는데 낮 시간을 이용해 잠깐 집에 돌아와 연습할 시간을 확보하고 있다. 오늘은 늦잠 잔 탓에 아침에 피아노와 즐기게 되었다. 낮에 보던 피아노와 왠지 분위기가 다르다. 내 옆방에서 내가 일어나 같이 놀기만을 기다리는 어린아이 같은 느낌이랄까. 도전해서 정복해야 하는 부담스러운 친구가 아니라 사랑스럽고 보듬어 주고 싶은 친구 같다.

한 시간 정도 친구와 즐겼다. 기분이 상쾌하다.

음악에 몰입하여 귀로 듣고 손으로 연주하고 아름다운 감성을 맛보며 지금 내가 살아 있다는 충만감을 만끽한다. 그렇다면 피아노를 치며 경험하는 몰입의 순간은 명상의 순간과 유사하지 않을까? 다른 잡념이나 스트레스, 불안 따위가 감히 접근하지 못하는 성스러운 공간이다. 건반 앞에서는 오로지 음악만 생각하게 되기 때문이다.

문득 부시 대통령 시절 국무장관을 지낸 콘돌리자 라이스의 피아노 사랑 이야기가 생각난다. 아마추어 피아니스트였던 그가 국무장관이 되고 난 뒤에도 실내악 그룹을 결성하여 분기에 두 번 정도는 꾸준히 모임을 가지며 활동했다고 한다. 그는 업무로 녹초가 되어 귀가할 때에도 30분 정도는 앉아서 피아노를 치면 스트레스로 찌던 피로가 날아가고 기분이 가뿐해짐을 느꼈다고 했다. 그래서 그는 피아노 연주를 일상의 스트레스를 벗어날 수 있는 '릴리스 포인트(release point)'라고 하면서 본업의 효율을 높이고 정신건강을 온전히 하는 데 음악을 첫손가락으로 꼽았다.

이런 음악의 효능 때문일까?

미국 33대 트루만 대통령도 피아노 연주에 조예가 깊었고, 독일 5대 총리 헬무트 슈미트는 음반까지 취입할 정도로 피아노 실력이 출중했으며, 이스라엘 6대 총리 에후드 바라크 역시 피아노 연주에 일가견이 있었다고 하니 말이다.

또 한 사람 스페인의 전설적인 첼리스트 파블로 카잘스의 얘기가 생각난다.

카잘스는 하루를 피아노 앞에 앉아 바흐의 〈평균율〉 한 곡을 연주하면서 시작했다고 한다. 이러한 아침 의식을 '집에 내리는 축복'이라고 부르면서 그것이 없다면 하루를 제대로 시작할 수 없다고까지 하였다. 자신만의 리추얼로 삶을 더욱 풍요롭게 만들어 간 것이다.

그렇다면 나 역시 피아노와 함께하는 나만의 리추얼을 만들어 봄이 어떨까?

이제 아침을 피아노와 함께 시작하는 나만의 의식을 만들어 봐야겠다.

'23. 12. 17.

피아노를 다시 만나 더욱 행복해질 것 같다.

피아노를 매개로 공감할 수 있는 친구들을 더 많이 만나게 될 것이기 때문이다. 처음은 초보 단계라 새로운 친구 사귀기에 시간이 걸리겠지만 어느 단계에 진입하면 빠르면 한두 달에 한 친구 정도는 가슴으로 교감하는 사이가 되지 않을까, 설렌다.

앞으로 만나게 될 친구들이 저만치 앞에서 어서 오라고 손짓하는 듯하다. 이 친구들과는 그동안 겉으로만 맴돌며 내면의 깊은 교감을 나눌 수 없었는데 이제야말로 1:1로 만나 진정으로 속 깊은 내면을 드러내며 유쾌한 대화를 할 수 있을 것이다. 느지막하게 이 얼마나 큰 축복이고 행운인가?

이 친구들의 얼굴을 둘러본다.

〈Autumn Leaves〉, 〈I have A dream〉, 〈Love Story〉, 〈Flower Dance〉, 〈Still Water〉, 〈소녀의 기도〉, 〈캐논 변주곡(조지 윈스턴)〉, 〈브람스의 인터메조(Intermezzo)〉, 〈헨델의 사라방드(Sarabande)〉, 〈사랑의 기쁨〉…….

이 친구들은 나의 뇌에도 좋은 영향을 끼쳐 치매 예방에도 많은 도움이 될 것 같다.

신문 스크랩북을 뒤적이다가 악기 연주가 뇌에 미치는 영향에 관한 기사를 보게 되었다. 거기엔 이렇게 적혀 있었다.

> 악기 연주는 우리 뇌의 주요 부위, 특히 시공간 능력과 운동 조절 능력을 담당하는 우리 뇌 뒤쪽 부위 발달에 도움이 된다. 장기간 훈련하면 신경계에 구조적 변화를 일으킬 수 있는다는 것도 확인되었다. 이런 변화는 좌우뇌 모두를 변화시키는 쪽으로 영향을 줬다. 균형적 뇌 발달, 즉 지성과 감성의 균형, 몰입과 소통의 균형, 자기 중심성과 타인 교류의 균형에 모두 긍정적이었다.
>
> (출처: 김붕년, 〈음악 감상·악기 연주하다 보면 좌우 뇌 모두 균형있게 발달돼〉, 조선일보 '23. 9. 1.)

즐겁게 음악을 접하게 되면 얻을 수 있는 부수적인 이득이다. 어느 한쪽으로 쏠림 없이 지성과 감성, 논리와 직관, 분석과 창의, 현실과 이상 등 양쪽 뇌의 균형 있는 발달뿐 아니라 정서적인 안정과 즐거움까지 준다고 하니 더욱 열심히 피아노를 배우고 싶다.

피아노 치는 것 하나만으로도 이렇게 내면에 긍정적 변화가 일어나다니!

행복은 거창한 것이 아니라 작지만 소소한 즐거움이 쌓여 만들어지는 것이란 말이 자연스럽게 다가온다. 설렘이 있는 것을 당장, 그리고 자주, 내가 할 수 있는 능력껏 하면서 성취감을 맛보는 것이 행복이 아닐까?

'23. 12. 22.

아침 일찍 도서관에 가는 바람에 아침의 피아노와 소통하지 못했다. 낮에서야 겨우 시간을 내서 친구의 얼굴을 볼 수 있었다. 볼 때마다 마치 사랑하는 연인 만나듯 가슴이 설렌다. 그와의 만남은 이제 거의 일상의 루틴으로 정착되는 듯하다. 그와 정성껏 교감하고 마음속 등불의 심지를 환하게 돋울 때 삶의 기쁨이 한층 배가 되고 나의 일상은 더욱 즐겁고 활기가 넘친다.

지금 우리는 세계 인구의 절반 이상이 소셜 미디어를 사용하는 디지털 혁명의 시대에 살고 있다. 나 역시 수름이 돋는 경험으로 시대의 변화를 통감하였다. 나의 과거 유튜브 검색 기록을 통해 내가 봤던 정보를 분석하여 내가 보고 싶은 맞춤형 콘텐츠나 광고를 보내온 것이다. 나의 선택과 결정이 자신의 이성과 성찰로 이루어지는 것이 아니라 온라인상의 빅데이터에 기반한 인공지능의 알고리즘에 의하여 좌지우지되고 있는 상황에 이른 것이다.

어느 연구 보고서에 의하면 우리는 깨어 있는 시간의 47%는 한눈파는 데 쓴다고 한다. 이런 산만한 마음 상태는 에너지를 꽤 많이 잡아먹고, 또한 과거의 일을 되새김질하거나 오지도 않은 미래를 걱정하는 재잘거림으로 주의를 분산시킴으로써 현재의 순간을 오롯이 즐기지 못하게 한다.

이럴 때일수록 자기만의 온전한 시간을 가져야 한다. 다행히도 나는 산만한 주위의 환경 속에서도 책 읽기나 글쓰기, 피아노 치기 등으로 나만의 시간을 온전히 가질 수 있으니 더없이 좋다. 지금 여기에 집중하여 몰입할 때 머리에선 세로토닌, 도파민 등이 분비되어 기분이 좋아진다. 이렇게 자신이 집중하고 몰입할 수 있는 대상을 찾아 대상과 하나가 될 때 진정한 행복이 만들어지지 않을까?

’23. 12. 28.

오늘은 아침을 감동과 함께 시작한 특별한 날이다.

엊저녁 수원 아트센터에서 가족과 함께 송년 음악회를 즐기고 늦게 귀가하여 피로한 탓인지 아침 7시에나 눈이 떠졌다. 침대 옆에서 밤새 나를 지켜보던 화이트 래빗과 반갑게 눈을 맞추고 있으려니 때마침 카톡이 울렸다. 남해 항구도시 Y시에 사는 친구였다. 이 친구는 몇 년째 이 시간이면 아침 안부를 전해 오는 오랜 군대 친구다. 한순간 음미하고 사라질 문자일지라도 내가 친구에게 감사의 마음을 전할 수 있어서 좋았고 이런 친구를 내 지인으로 둘 수 있음에 감사하다.

또 하나의 메시지가 눈에 띈다.

시차가 8시간이 나는 파리에서 온 건데, 나의 피아노 멘토가 보내온 귀한 메시지였다. 내가 몇 시간 전 보내 드렸던 피아노 노선에 관한 글을 읽고 즉시 답장을 주신 거다.

눈을 비비며 설레는 마음으로 들여다봤다.

나의 글을 읽고 감동했다는 글과 함께 나의 피아노 도전 목표 곡인 〈아드린느를 위한 발라드〉를 직접 연주하는 동영상을 보내 주셨다. 그가 이 곡을 초등학교 때 부모님 친구분들 앞에서 쳤던 기억을 더듬어 오랜만에 쳐 봤다고 했다.

그의 피아노 연주 영상을 열어 보았다.

포근하고 아름다운 선율이 그의 부드러운 손길을 타고 나의 귀를 자극한다. 이처럼 유려한 연주를 옛 기억을 되살리며 즉석에서 할 수 있다니! 감동이 온몸으로 밀려온다. 나는 얼마나 연습해야 이런 연주를 할 수 있을까? 남은 생을 다 바쳐 배우면 가능할까?

난 포기하지 않겠다.

목표에 집착하지 않고 배우는 순간순간 과정을 즐기며 가슴 설레는 삶을 이어 가고 싶다. 이번 생에서 목표 달성이 안 되면 다음 생에서 달성하면 되지 않겠는가.

’24. 1. 2.

새해 첫날 밤, 꿈에서 깨어나 몽환적인 상태에서 어렴풋이 꿈의 스토리를 더듬어 본다. 이른 시각이라 잠자리에서 이리저리 이야기를 짜맞춰 보지만 좀처럼 아귀가 맞지 않는다. 하지만 느낌은 좋다. 내가 평소 존경했던 전 직장의 CEO였던 분과 환하게 웃으며 악수했던 장면이 떠올랐고, 친구와 함께 여기저기 좋은 나들이를 했던 것이 생각났기 때문이다.

이왕이면 좋은 해몽을 하고 싶다. 올 한 해는 나의 글이 많은 독자로부터 이해와 공감을 받고 마음 맞는 사람과 만나 좋은 것을 경험하는 해가 되리라고 예상해 본다. 무엇보다도 새해 첫날 밤 꿈이 아닌가?

문득 어제 늦게까지 피아노와 씨름했던 생각이 났다.

피아노를 배운 지 한 달이 지나가는데 〈아드린느를 위한 발라드〉 곡의 중간쯤에 이르러 복병을 만난 것이다. 여태까지는 유려하지는 않더라도 그럭저럭 버텨 왔지만, 어제 연습하기 시작한 부분은 단 여섯 마디에 불과하지만, 몇 번을 반복하여도 양손의 운지법이 헷갈린다. 그래서 이젠 전략을 바꿔서 오른손과 왼손을 따로 분리하여 각 손가락의 운지를 철저하게 연습하기로 한다. 피아노 멘토의 가르침대로 ‘조금씩 그리고 확실하게’ 말이다. 이렇게 왼손과 오른손을 따로따로 반복하여 연습하고 다시 도전했다.

와우~ 이전보다 확실하게 좋아졌다.

머릿속에선 도파민이 뿡뿡 뿜어 나오고 두 볼은 살짝 붉어지며 기분이 업된다. 남들이 보면 하찮은 것일 줄도 모르지만 지금 나에게는 살 떨리는 체험이 아닐 수 없다.

또 하나 배웠다.

내가 맞닥뜨리는 시련은 내가 한층 더 성장할 시기가 되었음을 알려 주는 메시지다.

이 시련을 제대로 극복하게 될 때 나는 더욱 성장하게 된다.

또한 남보다 잘 치는 것 이상으로, 어제보다 오늘 더 성장한 자신을 확인할 수 있을 때 진정한 배움의 기쁨이 찾아온다.

감격의 기억을 되살려 잠자리에 누운 채로 양 손가락으로 상상의 건반 위에 멜로디를 짚어 본다. 다행히도 크게 헷갈리지 않고 이미지 트레이닝을 할 수 있었다.

그렇다! 나이가 들어 기억력과 순발력이 떨어져도 연습하면 되는 것이구나!

'조금씩 그리고 확실하게.'

'24. 3. 17.

피아노 일기를 두 달 보름이나 건너뛰었다. 생경스러운 느낌을 지울 수 없다. 두 달 전 심한 감기몸살을 보름이나 앓으면서 피아노를 대면하지 못한 것이 여기까지 오게 되었다. 그동안 친구가 홀로 긴긴 시간을 보내면서 나를 많이도 원망했을 터이다.

엊저녁 친구가 어떻게 지내는지 궁금하여 방문을 빼꼼 열고 들여다보았다. 무척 외로이 보였다. 마치 먼 곳에 출장 간 신랑을 학수고대하는 새색시처럼. 연민이 일어났다. 나도 모르게 문을 열고 들어가 친구의 얼굴을 어루만졌다. 차가웠다. 친구의 얼굴에서 한참 동안 손을 뗄 수가 없었다. 나의 따듯한 손길로 냉기를 없애 주고 싶었다.

오늘은 새벽에 눈이 뜨였다. 자리에서 벌떡 일어났다. 평소처럼 자리에서 한참이나 뒤척임도 없이. 웬일일까? 가슴속에선 뭔가를 하려는 듯했다. 그랬다. 이제 더 이상 홀로 내버려둘 순 없었던 게다. 오늘은 기필코 친구와 대화의 포문을 열어야 한다. 달포 전 그만두었던 피아노 학원도 다시 알아봐야 하고, 머릿속에선 기대감이 살포시 고개를 들고 흥분까지 느껴진다.

그동안 상황이 여의치 않아 살짝 접어 두었던 꿈을 이렇게 다시 펼치면 되는 거였다. 여기엔 한 톨의 아쉬움이나 후회도 없다. 잠시 접혔던 꿈이 다시 나래를 펼치며 더 높은 창공을 박차고 오를지 누가 알겠는가? 주인은 결코 서두르지 않기에!

'24. 5. 10.

지난 3월 중순쯤이었다. 활력이 떨어져 있던 나의 동공이 활짝 열린 것은 폰에 뜬 문자메시지를 봤을 때였다. 복지관에서 보내온 《위풍당당 라이프》라는 멋진 프로그램을 소개하는 글이었는데 그 프로그램에 '피아노 수업'이 들어 있었다. 반복되는 일상의 이런 저런 일로 지지부진하던 나의 피아노 수련에 재발동을 걸 절호의 기회였다.

역시 하늘이 보고 계셨구나! 내면 어디선가 에너지가 솟구치는 게 느껴졌다.

즉시 프로그램 신청을 했고 드디어 4월 8일부터 인근 실용음악 학원에서 주 2회 교습을 받게 되었다. 지금 거의 한 달이 지나가고 있다. 다시 불이 붙은 피아노에 대한 열정에 힘입어 이전에 배우던 곡 〈아드린느를 위한 발라드〉를 계속 연습할 수 있었다. 학원에서 치고 싶은 곡을 연습할 수 있게 배려해 주어서 고마웠다. 그리고 이런 프로그램을 마련해 준 복지관 담당 복지사에게도 너무 감사하다. 무엇보다도 복지관 내 시설과 강사 등 사정이 여의치 않아서 외부 학원에 위탁하여 피아노뿐 아니라 드럼, 요가 등을 배울 수 있도록 한 따듯한 정성과 배려에 눈물이 날 정도다. 비록 많은 인원은 아니지만 공공기관에서 이런 아이디어를 적극적으로 낼 수 있다는 것 자체가 대단한 발전이라고 생각한다. 사기업에서 볼 수 있는 아웃소싱을 공공기관에서도 시행하다니 과거의 복지부동과는 판이하게 다른 양상이다.

또 얼마 전부터 시행하고 있는 도서관 열람실 확대 운영도 이와 유사하다. 과거 매주 금요일마다 쉬던 것을 월 한 번만 쉬고 문을 열어 놓았다. 공공 도서관에서 이런 발상을 하다니! 결정하기가 쉽지 않은 대단한 일이다. 다른 도서관은 아직 이런 파격적인 행정을 들어 보지 못했다. 엄지척을 내세우지 않을 수 없다. 브라보! 의왕시!

'24. 5. 31.

〈아드린느를 위한 발라드〉를 연습한 지 7주가 되어서야 겨우 다른 곡으로 넘어갈 수 있게 되었다. 어제 피아노 선생님이 내가 치는 모습을 보시더니 활짝 웃으면서 다음부터는 리차드 클레이더만의 〈가을의 속삭임〉이라는 곡을 연습해 보자고 하신다. 기뻤다. 비록 치고 싶었던 원곡이 아니라 쉬운 버전이긴 하지만 어느 정도 인정을 받은 것 같아 눈물 나게 고마웠다. 내가 볼 때 아직도 만족스러운 연주는 아니지만 아마도 열심히 연습하는 나를 가상하게 생각해 주신 것이리라. 원곡에 도전하기는 아직 이른 감이 있어서 중간 단계로 〈가을의 속삭임〉 쉬운 버전을 고르신 것 같다. 마음이 설렌다. 유튜브로 〈가을의 속삭임〉을 들어 본다. 이 곡은 들을 때마다 가을의 아름답고 낭만적인 가을의 정취에 흠뻑 빠지곤 하던 곡이다. 이어서 계속 피아노의 아름다운 선율에 취해 보고 싶어 여기저기 뒤적이는 중 눈에 띄는 동영상들이 올라온다.

'독학으로 피아노를 배워 치는 99세의 할머니!'
'86세 할머니의 피아노 도전 일기'
더 나아가 103세 할머니의 피아노 치는 영상까지!

그런데 할아버지는 왜 안 보이지? 예술적 감성이 메말라서인가? 의문을 가지며 인터넷 서핑을 해 본다. 한참을 찾아 보던 중 '98세 최고령 피아니스트'라는 제목이 나의 눈을 잡아끈다. 3년 전 아리랑 TV에 방영되었던 동영상이었다. 피아노를 전공하여 오랜 기간 학교에서 제자들을 길러 낸 제갈삼 할아버지시다. 반가웠다. 대담 중에 "음악이야말로 자신의 삶을 보람 있고 행복하게 만들었다."라고 하며 아름다운 미소를 짓는 할아버지의 모습이 지금도 눈에 선하다.

세상은 넓고 할 일은 많다. 70세도 안 된 주제에 나이 많아서 도전한다는 소리는 이제는 어디에 가서도 못 할 것 같다. 이렇게 소문 없이 조용히 자기만의 삶을 즐기며 성취해 가는 재야의 강호들이 곳곳에 있었다.

부러웠다. 주어진 재능을 맘껏 발휘하며 한 점의 후회도 남기지 않고 연소하며 살아가는 이들의 열정이. 그들은 아마 귀향할 때 누구보다도 흡족한 미소를 지으며 가지 않을까?

초서 공부에 들어서다

만날 때마다 나의 영혼이 한 뼘씩 커짐을 느끼게 되는 L 선배를 만났다. 윤슬이 유난히 빤짝이는 호수 주위를 한 바퀴 돌며 이런저런 이야기를 나누고 벤치에 앉아 대화를 이어 갔다. 대화가 무르익어 공감도 웃음도 두 배가 되었고 그러던 차에 선배의 최근 관심 사항을 듣게 되었다. 선배는 얼마 전 가까운 친구를 만나게 되었는데 그 친구 덕분에 새로운 것을 배우게 되었다고 하였다. 호기심이 발동하여 귀가 쫑긋 세워졌다. 무얼까?

초서(草書) 읽기 공부였다!

듣는 순간 가슴으로 와우~ 소리를 질렀고 눈동자에 힘이 들어가 눈빛이 초롱초롱해진다. 초서는 물 흐르듯 미끈하고 유려한 서체 때문에 젊은 시절에 보자마자 나의 마음을 사로잡았던 글씨체가 아니었던가? 느지막이 몇 년 전에 서예를 다시 배워 보고 싶은 욕구에 이끌려 짧은 기간이었지만 주민센터에서 서예 공부를 시도했었다. 하지만 몇 달을 넘기지 못하고 도중에 하차하고 말았다. 붓글씨 기초에만 매달리다 어느 세월에 초서를 맛볼 수 있겠냐고 자조하며 미련 없이 포기하였다.

하지만 이제 L 선배처럼, 서예가 아니라 초서를 읽고 해석하는 공부를 제대로 해 보고 싶다. 먹물 냄새를 맡지 않아도, 글자체의 기초부터 장시간 익히지 않아도 초서를 공부할 수 있는 것이다. 초서 공부에는 또 하나의 강력한 동기 유발 인자가 있다. 우리 조상들의 삶의 애환이 깃들어 있는 글을 읽어 보면서 어르신의 지혜를 배우고자 하는 바람이다. 지금도 옛 어르신의 많은 글이 번역되지 않은 채 고가의 수장고에서 긴 잠을 자고 있다는 글을 언젠가 본 일이 있다. 내부분 행초서체의 붓글씨로 씌어 있어서 읽고 해석할 수 있는 사람이 적다 보니 번역되지 않은 글이 아직도 많다는 것이다. 특히 잘 알려진 학자나 17~18세기 실학자들 중 겨우 이름이 알려진 소수분들의 글만 책으로 번역되어 우리가 읽을 수 있다. 안타까운 일이 아닐 수 없다. 그래서 한국고전번역원이나 국사편찬위원회에서는 고서 번역을 위한 교육과정을 개설하여 번역 인원 확보에 적극 힘을 들이고 있다고 한다.

내가 늦게나마 공부하여 어르신들의 삶을 읽고 지혜를 배우고 더 나아가 고서 번역 작업에도 동참할 수 있게 된다면 더 바랄 나위가 없을 것이다. 물론 이 공부는 하루아침에 될 일은 아니다. 최소한 수년이 걸리는 방대한 공부가 될지도 모른다. 남은 생이 얼마가 될지는 모르지만 한번 도전해 보고 싶다. 시도할 만한 가치가 있는 일이기 때문에 설사 소기의 목적을 이루지 못할지라도 후회하지는 않을 것이다. 마침 국사편찬위원회에서 올 연말에 초서 공부 연수를 위한 학생을 뽑는다고 하니 지금부터라도 공부하면 되지 않을까?

한편 뭔가를 새롭게 시도한다는 것은 그동안 하던 일의 일부를 포기해야 하는 아픔이 따를 것이다. 그동안 좋아하는 책 읽고 글 쓰는 일은 물론 바둑 두고 피아노 치며 즐기는 시간이 줄어들지도 모른다. 하지만 이 도전 역시 쉬이 포기할 수 없을 것 같다.

어차피 인생은 하나를 택하면 다른 하나를 포기해야 하는 선택의 연속이다. "균열, 모든 일이나 사물에는 균열이 있다. 바로 이 균열을 통하여 빛이 들어온다."라고 가수이자 시인 레너드 코헨(Leonard Cohen)이 노래하지 않았나.

그렇다! 영혼의 성장을 위하여 작은 균열을 기꺼이 감수하고 싶다.

초서 공부가 서서히 움트기 시작했다.

선배를 만나서 공부해야겠다는 결심에도 꿈쩍없던 싹이 마침내 고개를 들었다. 며칠 전 선배를 통해 초서 공부를 해 오던 선배의 친구분을 만나 자극을 받고 도서관에서 초서 관련 책 두 권을 빌리고 문구점에서 연습 공책과 펜을 구입했다. 초서 공부는 많은 시간을 들여 연습이 필요한 공부다. 이 공부라면 나이 들어 백수의 한가로운 여유를 즐기지 못할 수도 있겠지만 백발이 성성한 노학자의 남다른 열정을 경험하게 될지도 모른다.

설렌다. 어릴 때('71년쯤이니 내가 중학교 3학년 때였다) 신문에서 본 뒤로 나의 로망이 되었던 장면이 어렴풋이 떠오른다. 국문학자 심악(心岳) 이숭녕 교수였던 것으로 기억된다. 예순을 넘기신 교수님이 인터뷰에서 하셨던 말이 지금도 기억에 생생하다.

"나는 마지막까지 책상에서 공부하다 피를 토하며 생을 마감하고 싶습니다."

이 말씀이 오십 년이 지난 지금도 기억에서 떠나지 않는 것은 웬 일일까?

경제 활동을 하지 않은 지 오 년이 되어 가지만, 아직도 온종일 책 읽으며 글 쓰는 여유로운 생활이 마냥 좋다. 이런 상황을 감사하며 즐기고 있다. 더 오랫동안 향유하고 싶다. 하지만 지금 나의 영혼을 끌어당기는 새로운 도전을 만나게 되었고 여기에 등을 돌리고 싶지 않다. 남은 열정을 불태워 나의 삶을 더욱 환하게 밝혀 줄 이 기회를 놓치고 싶지 않다. 이 도전이 나에게 남겨진 마지막 불꽃이 될지도 모른다.

이 도전은 신이 나에게 준 마지막 선물이 아닐까, 생각해 본다. 선배를 통하여 이 공부를 알게 했고 또 한 분의 멘토를 만나게 하여 공부를 제대로 해 보라고 하는 메시지까지 주셨으니 기꺼이 받아들이고 싶다.

저기 한 어르신이 손짓을 하네
어서 달려와 내 글 읽어 달라고
처와 자식을 향한 애절한 마음을

도서관에서 평소 만나면 눈웃음 정도 나누던 한 어르신이 계셨다.

외모에서 진중하면서도 따스함이 느껴지는 분이다. 며칠 전 문득 무슨 공부를 이렇게 열심히 공부하시나 궁금했다. 슬쩍 들여다보았다.

초서(草書)였다! 내가 이제 막 불이 붙어 시작하려는 그 공부였다.

당장 어르신과 차 한 잔 나누며 얘기를 나누게 되었고 어르신은 내가 들어가 공부하려고 하는 국사편찬위원회 초서 공부 2년 과정을 막 수료하셨다는 걸 알게 되었다. 공부하려는 나에게 이것저것 도움 말씀을 주시고 다음 날에는 거기서 공부하셨던 초결가(草訣歌) 글자 연습책을 참고하라고 주신다.

아~ 하늘이 나의 뜻을 알고 이런 인연들을 엮어 주는구나!

선배가 처음 운을 띄우고 선배 친구분을 만나게 하여 불씨를 돋우고 드디어 가까이에 멘토까지 붙여 주었다. 이제는 내가 그 공부를 하지 못할 이유가 없다. 어떤 변명으로도 다 차려 준 밥상을 내팽개칠 수 없는 것이다. 숙연해진다. 나의 마지막 도전이자 운명적 만남이랄까?

초서 공부가 점점 속도를 내기 시작한다.

하루 8시간씩 어르신이 주신 초결가 연습책을 보고 열 번씩 쓰며 물 흐르듯 휘몰아치는 글씨의 아름다움에 흠뻑 빠져들었다. 일주일 만인 어제 책을 일독했다. 이 기간에는 근근이 이어 가던 피아노 연습도, 밥 먹듯 하던 책 읽기도, 심심풀이로 두던 바둑도 안중에 들어오지 않았다.

오직 초서만 보였다.

거리를 가면서도 산책하면서도 글씨의 형상이 쉬이 그려진다. 푸들의 살짝 말려 올라간 꼬리에서, 동네 느릅나무 뿌리의 강건한 뻗침에서, 학의천의 유연한 물줄기에서, 천변 붓꽃의 부드러운 잎새의

삐침에서. 그뿐인가? 해 질 녘 청계산 자락의 부드러운 실루엣에서, 비 온 뒤 길에서 보는 지렁이의 꿈틀거림에서, 또 거실에서 무심하게 본 꾸불꾸불한 전선줄에서도 있었다. 사위가 온통 풀 글씨로 싸여 있다. 여태 경험해 보지 못했던 또 다른 세계를 향유하는 희열에 빠진다.

그래서 명상가 성소은 씨는 "인간다움의 절정인 '아름다움'을 꽃피우는 미학의 세계는 존재가 향기로 변형되는 연금술"이라고 했던 거구나!(그의 책 《반려명상》, 삼인, 2024) 무릎을 쳤다. 이 공부의 끝없는 여정을 생각하면 첫걸음마의 어설픈 동작에 연민을 느껴 보지만, 한 자 한 자 체험해 보는 과정의 즐거움은 설렘의 연속이다.

문득 머릿속에서 한 마리의 거대한 용이 감기고 뻗치고 휘몰아치는 운필(運筆)의 변화무쌍한 형상을 그리며 한바탕 초서의 춤사위를 펼친다.

새로운 도전은 언제나 나를 설레게 한다.

여백을 채우며

책으로 펴내려고 하니 얼굴이 화끈해집니다. 무엇보다도 나의 피아노 도전 이야기가 잠시 순항하지 못하고 멈칫한 상태이기에 그런 듯싶습니다.

오월 하순 햇살 좋은 어느 날, 서서히 불어오던 초서 바람은 어느새 걷잡을 수 없는 광풍으로 변했습니다. 초서의 우아한 자태와 매혹적인 향기에 빠져 한동안 또 하나의 세계 속에서 즐거움을 맛보고 있었지요. 피아노 친구는 잊은 채.

오늘 새벽이었습니다.

평소보다 이른 시각인데 잠에서 눈이 뜨였습니다. 한두 시간 더 잠을 청하였으나 정신이 말똥하기만 했습니다. 이렇게 누워 있고 싶지만 않아서 침대에서 일어나 거실로 향했지요. 거실로 가던 발걸음이 피아노가 있는 방 앞에서 문득 멈춰 서더군요. 미처 생각지도 못한 일이었죠.

방문을 살그머니 열고 들여다봤습니다. 어둑어둑 공간에 피아노가 홀로 있더군요. 몸은 어느새 친구 곁으로 다가서서 조심스럽게 친구의 몸에 손을 얹었지요. 싸늘한 기운과 함께 연민이 밀물처럼 다가왔습니다. 그동안 나의 따뜻한 숨결과 몸의 감각을 느껴 보지 못한 탓이려니 했습니다. 오랫동안 그 친구를 보듬지 않을 수 없더군요.

나이가 들고 보니 세상을 보는 눈도 변하는 것 같습니다.

논리와 분별을 앞세우던 자리에 연민과 관용의 눈길이 우선하고, 목표와 바람으로 자신을 날 선 감시의 눈으로 바라보며 긴장을 늦추지 않았던 것이 이제는 '있는 그대로도 괜찮다.'라고 한발 물러서게 되었습니다.

피아노 도전에 관한 관점도 그랬지요. 매일 한 시간씩 치며 몇 월까지는 이 곡을 '꼭 마스터한다'라는 강박에 가까운 목표를 향해 매진하기보다는, 가다가 초서(草書)의 아름다움에 한눈 팔리면 멈춰서 거기에 푹 빠지는 것도 기꺼이 허용하게 되었습니다. 마음 가는 대로 자연스럽게 수용하는 것이죠. 피아노는 비록 지금은 아쉽기는 하지만 포기하지는 않을 것입니다. 어디선가 훅 불어오는 바람 한 줄기에도 가볍게 다시 시작하게 될 터이니 말입니다. 이런 여유와 유연함이야말로 진정 내가 주인으로서 나를 사랑하는 길이 아닐까, 생각해 봅니다.

나는 이렇게 매 순간 설렘이 있는 일상으로 더 자주 행복을 경험하게 되었습니다.